Copyright © 2019 by Gabriella Saraivah

Direitos de edição da obra em língua portuguesa no Brasil adquiridos pela Agir, selo da Editora Nova Fronteira Participações S.A. Todos os direitos reservados. Nenhuma parte desta obra pode ser apropriada e estocada em sistema de banco de dados ou processo similar, em qualquer forma ou meio, seja eletrônico, de fotocópia, gravação etc., sem a permissão do detentor do copirraite.

Editora Nova Fronteira Participações S.A.
Rua Candelária, 60 — 7º andar — Centro — 20091-020
Rio de Janeiro — RJ — Brasil
Tel.: (21) 3882-8200

**CIP-BRASIL. CATALOGAÇÃO NA PUBLICAÇÃO
SINDICATO NACIONAL DOS EDITORES DE LIVROS, RJ**

Saraivah, Gabriella, 2004-
  Como amar a vida, as pessoas e a si mesmo / Gabriella Saraivah. - 1. ed. - Rio de Janeiro : Agir, 2019.
  128 p. ; 23 cm.

  ISBN 978-85-220-0618-2

  1. Relações humanas em adolescentes. 2. Técnicas de autoajuda para adolescentes. 3. Autorrealização (Psicologia) - Literatura infantojuvenil. I. Título.

CDD: 158.208352
CDU: 159.923-053.2

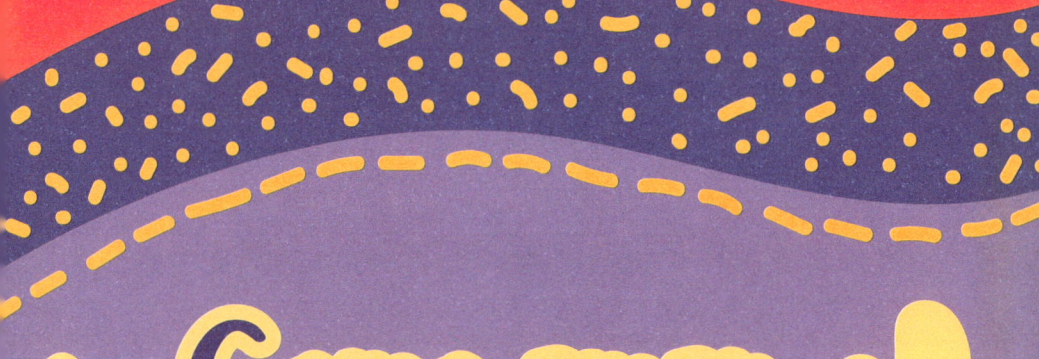

Oiê!

Eu sou a Gabi, uma virginiana nascida no dia 11 de setembro que adora fazer novos amigos.

Você já deve saber disso. Imagino que acompanhe meu canal no YouTube, o Gabriella Saraivah, onde mostro minhas composições, divido com vocês minhas descobertas, meus momentos bacanas e outros mais... hummm... digamos assim... divertidos.

Tá. Vamos usar as palavras certas, meus micos ;)

Está tudo lá!

Se você me acompanha lá no canal, já deve saber que sou uma menina bem comum. Adoro comer, às vezes sou meio sem noção e costumo ser um pouquinho sincera *demais* com as pessoas — o que, na prática, quer dizer que ainda não aprendi a maneira mais adequada de falar sobre assuntos delicados.

Mas, poxa, me dá um desconto!
Ainda tenho 14 anos!

Isso quer dizer que sou alguém que transborda sentimentos, que procura sempre aprender com os acontecimentos da vida, com os encontros e desencontros, brigas e reconciliações.

Mas, por outro lado, minha vida nunca foi tão comum assim.

Eu tinha apenas 7 anos quando estreei como atriz — e logo num papel na TV. Fiz a Miluce, uma das crianças do lixão em *Avenida Brasil*. Logo em seguida, fui a Tati da novela *Chiquititas*, que foi ao ar em 2013. Eu tinha apenas 8 anos quando gravei a primeira música da personagem, o hit "Mentirinhas". Hoje tenho algumas composições lançadas.

EU FAÇO a minha PARTE.

Ou seja, eu tenho todos os sonhos, esperanças e, claro, faço as bobeiras de qualquer garota da minha idade. Mas isso vem acompanhado de uma experiência de mundo que poucos adolescentes têm.

É essa vivência que eu quero compartilhar com vocês neste livro. A vivência de uma garota que experimentou, muito cedo, vários tipos de desafios que a gente só costuma enfrentar mais tarde.

Aqui, vou tentar apontar possibilidades de caminhos que talvez você nem saiba que existem, mostrar o lado bom das coisas, que às vezes fica muito bem escondido, e ajudar você a fazer escolhas que realmente valerão a pena.

Também vamos falar de amor!

Vou mostrar pra você que sentir é natural, não tem nada de mais. O amor é lindo e não existe nenhum problema em demonstrar o que você sente.

Eu não sou perfeita, mas posso tentar dividir com você o que já aprendi com a vida até aqui. Eu mesma já mudei tanto! Quem sabe você também não consegue? Afinal, pessoas mudam pessoas e eu quero fazer a minha parte.

Agora que já me apresentei, quero me tornar sua amiga.

Pode se abrir comigo. Vou te mostrar que tem gente que se importa com você!

Eu tô sorrindo, mas também já sofri.

Por isso, eu queria dizer uma coisinha que é bom você saber.

Quem me vê nos vídeos, sempre rindo e me divertindo, pode pensar que eu nunca sofro, nunca me decepciono, nunca levo um fora, que a minha vida é um mar de rosas.

Não é assim.

Não é assim com ninguém e não seria diferente comigo.

Fiz um questionário e vou te mostrar minhas respostas. Depois, quero que você se faça as mesmas perguntas e responda também, tá bom?

QUESTIONÁRIO DOS SOFRIMENTOS DA GABI

1) O dia em que eu mais chorei na vida foi...

Quando fiz uma besteira muito grande, minha mãe ficou muito chateada comigo e eu achei que aquilo NUNCA fosse passar. Chorei litros, me tranquei no quarto onde tenho vários quadros com fotos minhas e virei todos eles. Não queria ver meu rosto e lembrar de tudo que eu tinha feito.

2) Eu me senti muito pra baixo quando...

A mãe de uma menina teve a audácia de dizer que eu era muito teatral e que eu não daria certo na carreira de atriz.

3) O que mais fez com que eu duvidasse da minha capacidade foi...

Pra ser sincera teve vários momentos em que eu não acreditei no meu potencial. Mas eu sempre arranjava uma forma de atropelar essa insegurança e me jogar com tudo. No teste da novela *Chiquititas*, mudaram meu texto na hora! SIMMM!!! Eu fui com um texto decorado e, chegando lá, era outro... Confesso que pensei que não teria jeito, que eu não passaria e que minhas chances tinham acabado de vez. Disse à minha mãe que queria desistir! Ela não deixou e eu fiz o teste mesmo assim. Sabe o que aconteceu? Fui bem, passei, vi que eu era capaz de tudo, bastava chegar a minha hora e eu ter determinação.

4) Minha autoestima foi atropelada por um caminhão de dezesseis rodas quando...

Um grupo de adolescentes começou a falar que eu era imatura, que eu não sabia o que dizia, que eu só sabia fazer drama. Por um momento, eles mexeram com o meu psicológico ao ponto de me fazer acreditar que tudo aquilo era verdade. Fiquei achando que ninguém gostava do meu jeito e da minha forma de pensar. Levou um tempo pra eu perceber que eu tenho muito mais maturidade do que aqueles que só julgam, como se fossem donos da verdade, que só querem pôr os outros pra baixo.

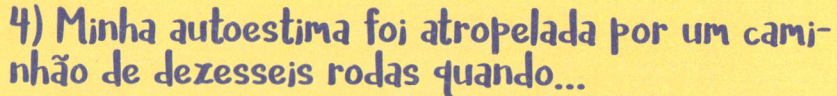

Agora, é a sua vez:
QUESTIONÁRIO DOS SOFRIMENTOS DE
_____

1) O dia em que mais chorei na vida foi...
_____
_____
_____

2) Eu me senti muito pra baixo quando...
_____
_____
_____

3) O que mais fez com que eu duvidasse da minha capacidade foi...
_____
_____
_____

4) Minha autoestima foi atropelada por um caminhão de dezesseis rodas quando...
_____
_____
_____

No fim das contas, juntando os questionários de todo mundo, o resultado não vai ser tão diferente assim.

Todos sofremos ao perder alguém que amamos, nós ficamos pra baixo quando nos sentimos incapazes de fazer alguma coisa e derrotados quando tentamos conseguir algo e falhamos...

No sofrimento, eu não sou diferente de ninguém.

Talvez uma das minhas maiores habilidades seja encontrar saídas e soluções para as crises da vida.

E é isso que pretendo mostrar para você neste livro.

O INCRÍVEL...

SENSACIONAL...

INACREDITÁVEL...

FABULOSO...

(Veja a página seguinte!)

Método Gabi pra voltar a sorrir

A primeira coisa que quero dizer é que todos os recursos necessários pra sua felicidade já estão dentro de você.
Quer ver?
Vamos prosseguir com nossos **QUESTIONÁRIOS DA GABI!**
Agora, com o...

 ## QUESTIONÁRIO DAS SOLUÇÕES DA GABI

1) Quando eu fico muito triste, sempre encontro colo e bons conselhos com...

Deus. Ele sempre me conforta. Quando falo com Ele, sinto que tudo ficará bem! Quando a gente tem essa relação com Deus, é mais fácil lidar com as situações turbulentas da vida.

2) Quando estou muito pra baixo, gosto de...

Ouvir música com fone de ouvido, dançar, surfar, andar de skate. Não posso ficar parada, preciso ocupar minha mente e ver que tem muitas coisas me esperando. O mundo não vai parar só porque eu estou triste.

3) Quando minha autoestima está em baixa, costumo...

Ver meus vídeos no IGTV do Instagram (@gabriellasaraivah). Lá, eu falo coisas reais, mostro quanto somos importantes, mesmo com nossas manias, nossos defeitos e qualidades.

QUESTIONÁRIO DAS SOLUÇÕES DE

_____

1) Quando eu fico muito triste, sempre encontro colo e bons conselhos com...

_____
_____
_____

2) Quando estou muito pra baixo, gosto de...

_____
_____
_____

3) Quando minha autoestima está em baixa, costumo...

_____
_____
_____

Viu só?

Eu, você, todos nós sabemos o que nos faz bem, quem procurar e como agir pra superar as crises.

No entanto, às vezes, mesmo sabendo o que fazer, a gente não faz.

Nos deixamos levar pelo desânimo, pelo abatimento.

Tem um lado nosso que sente certo prazer em ficar pra baixo. É preciso combatê-lo.

> Sai pra lá, LADO QUE GOSTA de me puxar pra baixo!

Embora você saiba o que precisa fazer pra se sentir melhor, não custa nada dar uma ajudinha, né?

Por isso, vou relembrar algumas coisas que aprendi e acho que podem ser úteis pra você.

Segura aí.

Está chegando o...

CHECKLIST DA GABI

✓ Você é, sim, suficiente. Não falta nada em você, portanto não precisa se deixar levar por tudo que dizem a seu respeito.

✓ Você, melhor do que ninguém, conhece seus atos, pensamentos e pretensões. Não permita que alguém lhe diga o que você deve pensar ou sentir.

✓ Você não precisa provar a ninguém como sua alma é bonita. Pode ter certeza de que quem merece vai ter o prazer de conhecê-la de verdade.

Xô, perfeição!

Embora esteja em um capítulo separado, o grito de guerra "Xô, perfeição!" também faz parte do **Método Gabi pra voltar a sorrir** ☺. No caso, estamos falando de voltar a sorrir depois que o crush alimentou esperanças, mas acabou sumindo.

Tem gente que acha que precisa ser perfeita, que tem que agradar todo mundo pra receber afeto e atenção. Não existe engano pior.

Quem vive tentando se moldar às expectativas dos outros é um forte candidato a perder seu sorriso.

Existem muitos fatores que levam a gente a buscar uma perfeição inexistente. O mais comum é quando aparece alguém na nossa vida, nos envolve, deixa um gostinho de que vai ficar e aí — do nada! — desaparece, deixando um vazio no nosso coração. Aí ele dói de saudades, de mágoa...

Nessas horas, é supernormal a gente começar a se perguntar o que fez de errado. A gente acaba botando na cabeça que não é bom o suficiente, ou não é bonito o bastante, ou inteligente, ou carismático... Tudo só porque aquele ou aquela que tocou nosso coração deu no pé sem nem dizer tchau.

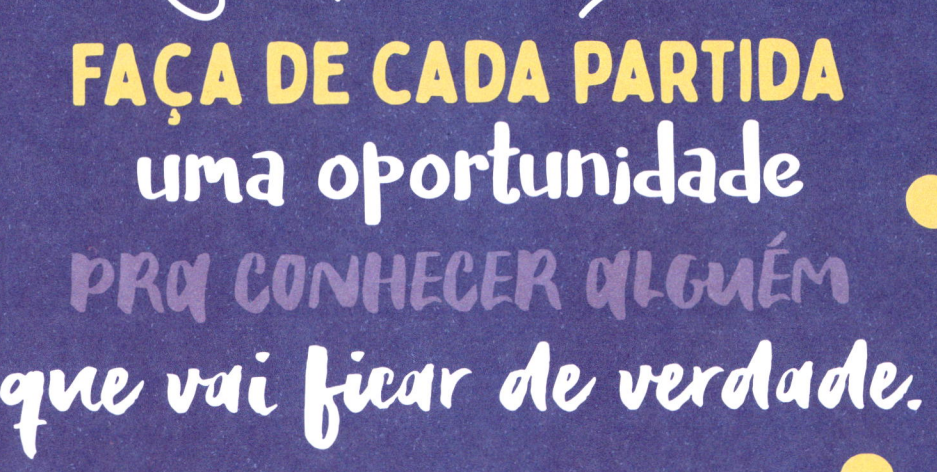

FAÇA DE CADA PARTIDA uma oportunidade PRA CONHECER ALGUÉM que vai ficar de verdade.

Se já aconteceu comigo?

Infelizmente, sim. Várias vezes.

Mas minha meta de vida é aprender com as dificuldades — e não ser derrubada por elas. Por isso, já estou aprendendo a lidar com essas situações.

Hoje, consigo fazer de cada partida uma nova oportunidade de conhecer alguém diferente. Alguém que chegue e fique de verdade. Pra mim, está cada vez mais claro que essas idas e vindas de pessoas são necessárias pra que a gente aprenda a se relacionar. E eu já aprendi várias coisas com essas experiências.

Vou contar algumas.

CHECKLIST DOS APRENDIZADOS DA GABI A PARTIR DO INEXPLICÁVEL E MISTERIOSO DESAPARECIMENTO DOS CRUSHES

✓ Às vezes, a gente perde tempo demais tentando saber os motivos de aquela pessoa ter ido embora. Com isso, não presta atenção àquela pessoinha fantástica que está sempre do nosso lado, fazendo de tudo pra ver a gente feliz. ♥

✓ Quantas pessoas são capazes de fazer você sorrir sinceramente? Aprenda a mantê-las sempre por perto, não as deixe ir embora.

✓ Seja para aqueles que te amam a pessoa que você gostaria de conhecer!

DataGabi IPI
Instituto de Pesquisas Importantíssimas
dá a dica

Ainda sobre esses crushes fantasmas — que aparecem na nossa vida, nos enchem de esperanças e desaparecem em seguida: as pesquisas realizadas pelo DataGabi IPI — Instituto de Pesquisas Importantíssimas — trazem informações inestimáveis para nos ajudar a manter a cabeça erguida depois do sumiço.

De acordo com vários entrevistados e entrevistadas que já caíram fora de relações desse tipo, as principais razões do sumiço são:

✓ Eu só estava sendo gentil. Nem sabia que ele estava criando tantas expectativas.

✓ Acho que ele é uma pessoa fofíssima, gente boa, simpática e tudo mais. Mas eu não estou querendo me envolver com ninguém.

✓ Ainda estou apaixonado pelo ex e não consigo focar em outra pessoa agora.

✓ Eu jogo charme para todo mundo — porque, no fundo, sou inseguro —, mas não tinha nenhuma intenção de entrar num relacionamento sério. Afinal, se eu entrar num relacionamento sério, não vou mais poder flertar a torto e a direito e, aí, como fica a minha insegurança???

✓ Não rolou química entre nós.

Percebeu? Na grande maioria das vezes, o fato de o crush desaparecer não tem nada a ver com você — mas com escolhas da própria vida.

Por isso, não faz nenhum sentido você tentar se moldar às expectativas do outro. Na maioria das vezes, a expectativa do outro é... ZERO! Não tem nada de errado com a gente. É só o crush que não está no momento de se envolver.

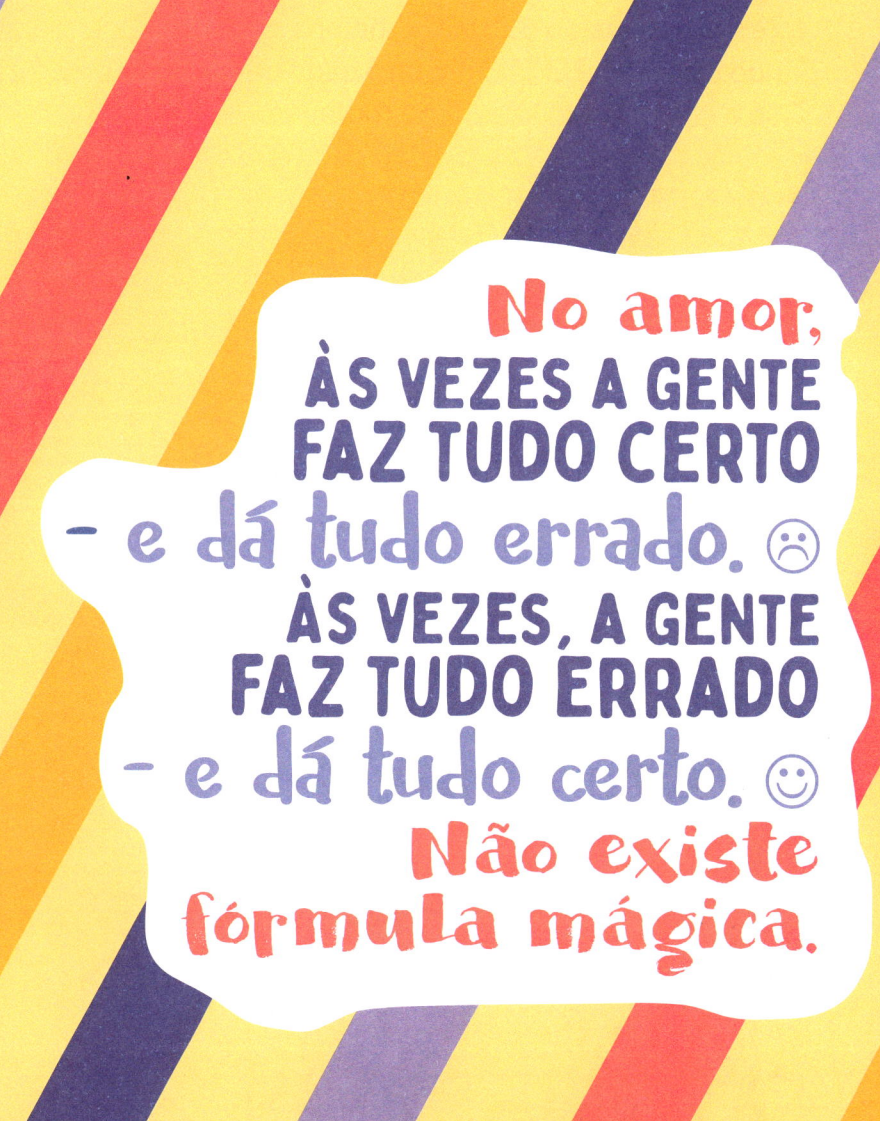

No amor,
ÀS VEZES A GENTE
FAZ TUDO CERTO
– e dá tudo errado. ☹
ÀS VEZES, A GENTE
FAZ TUDO ERRADO
– e dá tudo certo. ☺
Não existe
fórmula mágica.

O que a gente pode fazer é não criar expectativas demais quando a realidade mostra que o interesse do outro está indo por outros caminhos. E só.

A partida de alguém que nos interessava muito é dolorosa, complicada de superar e sofrida. Mas é superável.

Ninguém precisa criar um padrão de comportamento irreal na esperança de que funcione para manter os crushes.

A única fórmula imbatível para conseguir relações amorosas bacanas, estáveis e gostosas é:

Seja sempre VOCÊ mesmo!

Pequeno manual de incentivo aos seus sonhos

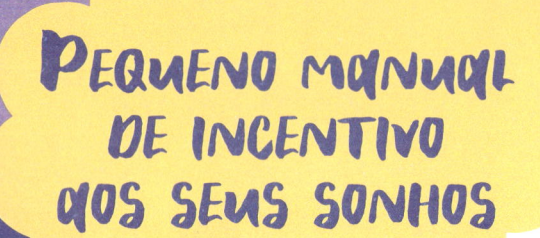

**Este manual é pequeno.
Mesmo.**
Só ocupa um capítulo!
Mas é um capítulo importantíssimo.
Você já deve ter me ouvido falar um milhão de vezes sobre a importância de sonhar. Sonhar alto, sonhar com vontade. Mas, para que o sonho não fique só na sua cabeça, é preciso colocá-lo em prática. E essa é a parte mais difícil.
Certa vez, vi uma frase assim:

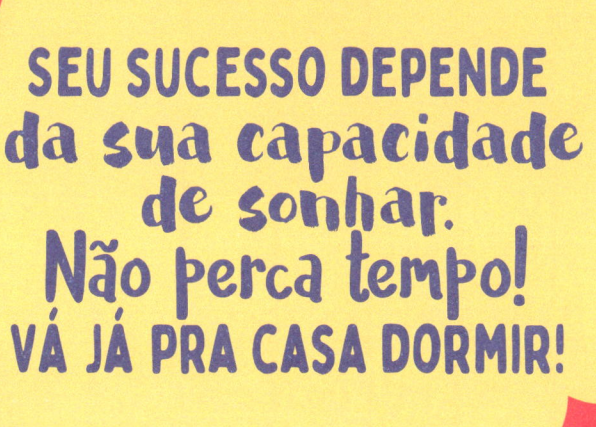

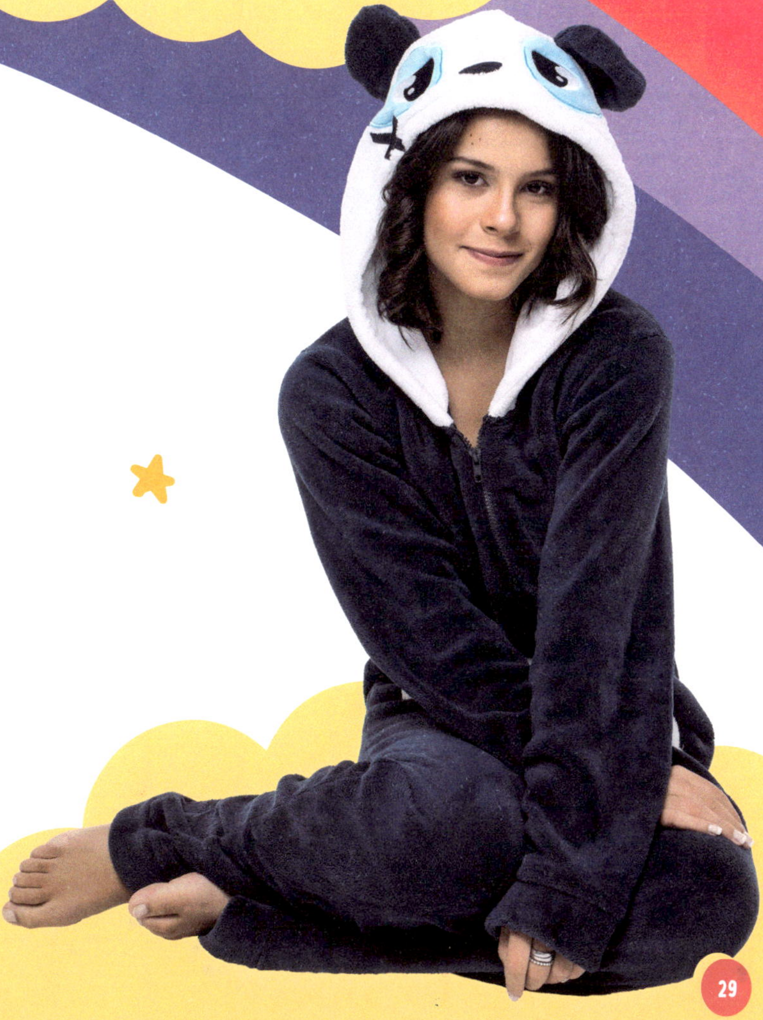

É claro que eu morri de rir, porque isso é, evidentemente, uma piada. Sonhar é importantíssimo. Mas é preciso fazer um bom planejamento e contar com vários recursos (que abordaremos nos próximos capítulos) pra conseguir tornar nossos sonhos realidade.

No entanto, se não sonharmos, nada disso faz sentido. Vamos planejar o quê? Vamos buscar que tipo de recurso?

Então, o começo de tudo é MESMO o sonho, o desejo, a vontade de fazer alguma coisa que leve você pra um lugar muito diferente de onde você está agora. E, olha só que incrível! Você pode sonhar com o que bem entender.

Não existe limite.

O futuro está à sua frente.

Então, primeiro quero que você me conte uma coisa.

QUAL É O SEU SONHO?

Se você conseguiu descrever seu sonho sem dificuldade, parabéns!!!!

Não sei se você já percebeu, mas a maioria das pessoas não consegue sonhar alto. E talvez você esteja nessa maioria.

Se você constatar que seus sonhos ainda não voam, não decolam, ou são muito pequenos, eu tenho algumas dicas para ajudar você a alçar voos mais altos.

DICAS DA GABI PRA SONHAR MAIS ALTO

✓ Você precisa se valorizar, saber que é capaz de muita coisa.

✓ Não permita que ninguém mine a sua confiança.

✓ Não deixe que preconceitos impeçam você de sonhar.

✓ Se alguém insistir em tentar fazer com que você desacredite do seu potencial, afaste essa pessoa de seu radar emocional.

✓ Talvez, neste momento, pareça que você não tem as condições necessárias para realizar seus sonhos. Isso só quer dizer que você precisa fazer um bom planejamento, não que precisa desistir deles.

Um monte de gente tem medo de sonhar. Antes mesmo de tentar, já puxa o freio de mão. As desculpas mais comuns pra reduzir sonhos a pó são:

> **CHECKLIST DO FRACASSO**
>
> ✓ Meus pais nunca vão concordar com isso.
>
> ✓ Não tenho dinheiro pra bancar o caminho que precisa ser seguido.
>
> ✓ Não tenho os contatos necessários pra seguir adiante. O caminho que me separa do meu objetivo é tão longo que acho que nunca vou conseguir segui-lo.

Se você acreditar em qualquer um desses itens, sua possibilidade de realizar sonhos altos é muito pequena. Mas isso pode mudar. Aliás, essa é uma grande vantagem da nossa idade. **Tudo ainda pode mudar muito.**

Vai ter gente tentando fazer você desacreditar de si mesmo? Vai.

Vão botar barreiras na sua frente? Vão.

Permitir que essas pessoas façam com que você deixe de acreditar em si mesmo é uma escolha. E você pode dizer NÃO a elas.

Por isso, vou repetir pra você nunca esquecer.

Confie em você.

FAÇA DO SEU SONHO
um objetivo.

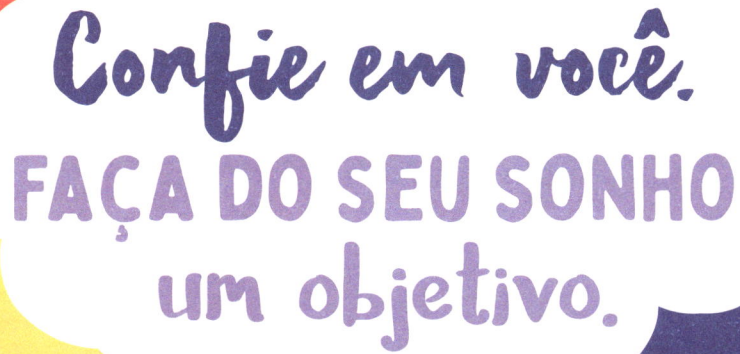

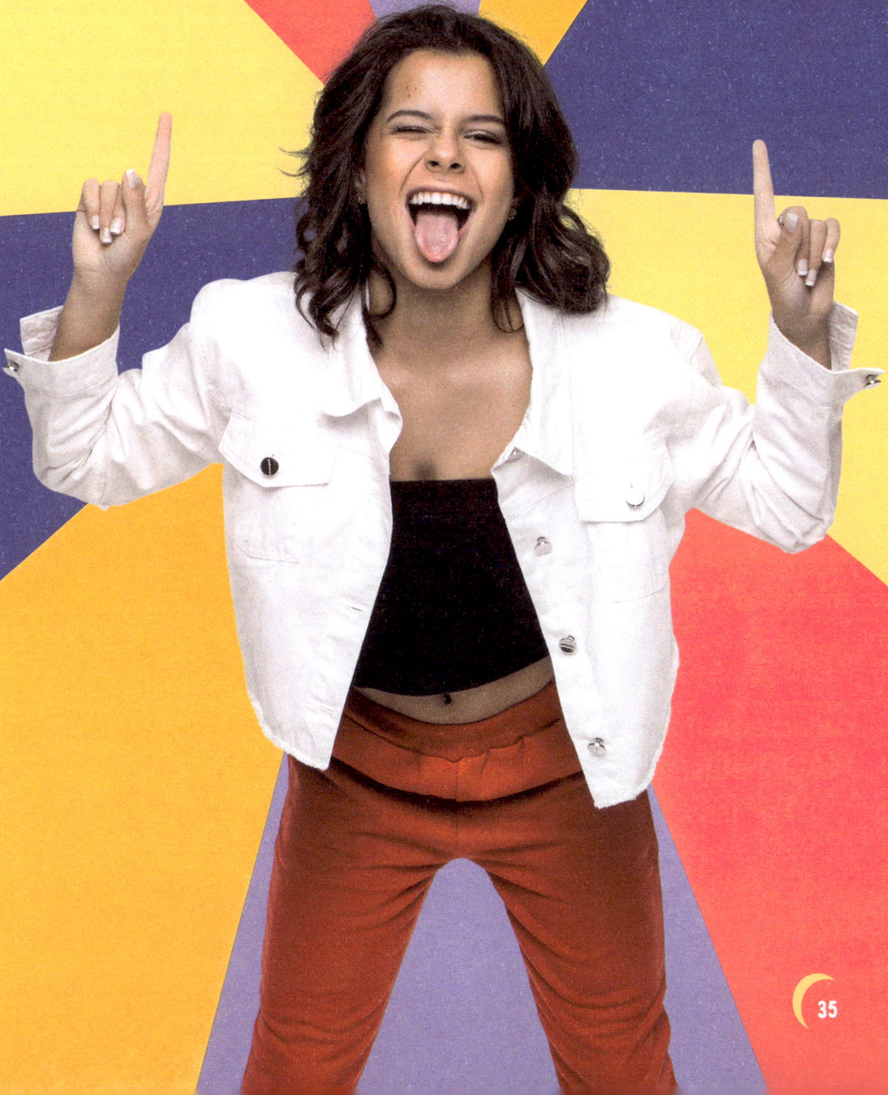

Agora, pra gente ter certeza de que está falando a mesma língua, adoraria saber que tipo de sonhador é você.
Topa fazer o...

SUPERTESTE DO DATAGABI
Você já tem tudo o que precisa pra realizar seus sonhos?

Primeiro, quero que você responda a essas perguntas com toda a sinceridade:

1) Você tem um grande sonho. O que define melhor esse sonho?
a) Ele é bem realista e possível de realizar.
b) Ele está bem distante da minha realidade.
c) Acho que, se é pra sonhar, não vou economizar. Eu sonho alto mesmo.

2) Do que você precisa pra realizar seu sonho?
a) Só depende do meu esforço... e de Deus me ajudar a estar no lugar certo na hora certa.
b) Preciso de várias coisas, mas já estou me planejando pra consegui-las.
c) Preciso de coisas que hoje são inalcançáveis. Mas tenho fé de que elas chegarão até mim.

3) Você tem alguma parceria sólida pra realizar seu sonho?
a) Sim, sou fortemente apoiado por_____ (meus pais, meus padrinhos, um professor, alguém com contatos que possam me ajudar etc.)
b) Não exatamente. Mas sei que posso conseguir a parceria se provar a meus possíveis apoiadores que tenho um projeto sério.

c) No momento, esta não é a maior das minhas preocupações. Tenho convicção de que se eu desejar uma coisa com muita firmeza, eu vou conseguir — mesmo sem apoio ou parcerias.

4) A realização do seu sonho depende de você precisar fazer alguma coisa específica (um curso, um teste, conseguir um contato importante etc.)?
a) Sim, mas eu já tenho os recursos para fazer o que é preciso.
b) Sim. Já sei do que preciso, mas agora tenho que correr atrás.
c) Isso não é tão importante assim. Acho que basta eu desejar alguma coisa com toda a minha energia e ela acontecerá.

5) O que você acha mais importante pra conseguir realizar seus sonhos?
a) Planejamento e determinação.
b) Ralar muito.
c) Estar no lugar certo na hora certa.

6) Você já conseguiu dar algum passo na direção do seu sonho?
a) Sim, já tenho uma parte do que preciso.
b) Estou batalhando para isso.
c) Não, mas isso não me preocupa. Tenho certeza de que, na hora certa, as coisas acontecerão.

Agora, conte seus pontos:
Cada letra A vale 1 ponto.
Cada letra B vale 3 pontos.
Cada letra C vale 9 pontos.

De 6 a 18 pontos

Você é uma pessoa bem prática e consegue fazer seus sonhos caberem na medida das suas possibilidades. É muito provável que consiga realizá-los, porque sabe planejar, conhece suas limitações e as respeita. Você não acredita que Deus vai te ajudar a resolver seus problemas, mas tem confiança em sua própria capacidade. O único cuidado que você deve tomar é não frear demais suas ambições. Às vezes, a gente fica tão preso às possibilidades reais que se esquece de contar com a ajuda da Providência.

Meu conselho pra você é:

Siga em frente, você está num ótimo caminho. Mas o encare apenas como a primeira etapa de algo muito maior. Assim que conseguir seu objetivo, trace outro, mais ousado, e comece a correr atrás dele. Aos poucos, você conseguirá percorrer um caminho mais longo do que pode imaginar agora. Não permita que a realidade do momento atual impeça você de sonhar alto.

De 19 a 37 pontos

Você tem ambição. Tem um sonho e sabe que ele está bem distante de sua realidade atual. Mas isso não te intimida. Você tem fé na sua capacidade de luta. Como é muito consciente das limitações de seu ponto de partida, tem grandes chances de progredir. É claro que uma parte de seus planos vai depender de estar no lugar certo na hora certa. Nem sempre as coisas saem do jeito que a gente deseja. No entanto, com tanta força de vontade, ainda que não consiga seguir exatamente o caminho que deseja, vai acabar chegando a um lugar mais incrível do que chegaria se não se esforçasse.

Meu conselho para você é:
Sua realidade atual não colabora para a realização dos seus sonhos. Mas tudo será mais fácil se você for aos poucos. Mantenha o foco nas etapas. Comemore cada pequeno avanço. Ele será o ponto de partida para a etapa seguinte.

37 a 54 pontos

Você não tem medo de sonhar. Sonha alto mesmo! E tem um segredo para te ajudar. Você não está nem aí para os meios necessários de realizar seus sonhos. Acredita firmemente que basta querer muito, mentalizar seus objetivos, e os caminhos se abrirão.

Você não pensa que precisará de muito trabalho, de muito estudo, de muita ralação. Na sua cabeça, tudo se resume ao desejo. Na minha opinião, pode até ser que você tenha mesmo uma ajudinha de Deus e consiga o que quer, mas as maiores chances são de você carregar uma frustração terrível para o resto da vida.

Meu conselho para você é:
Sonhar é fundamental para nos ajudar a traçar um objetivo. Mas também é importante levar em conta as condições reais: planejamento, ralação, investimento em cursos etc. Se você só ficar sonhando, existem grandes chances de se transformar numa pessoa amargurada, ressentida e magoada porque acredita que o mundo não lhe deu aquilo que você julga merecer.

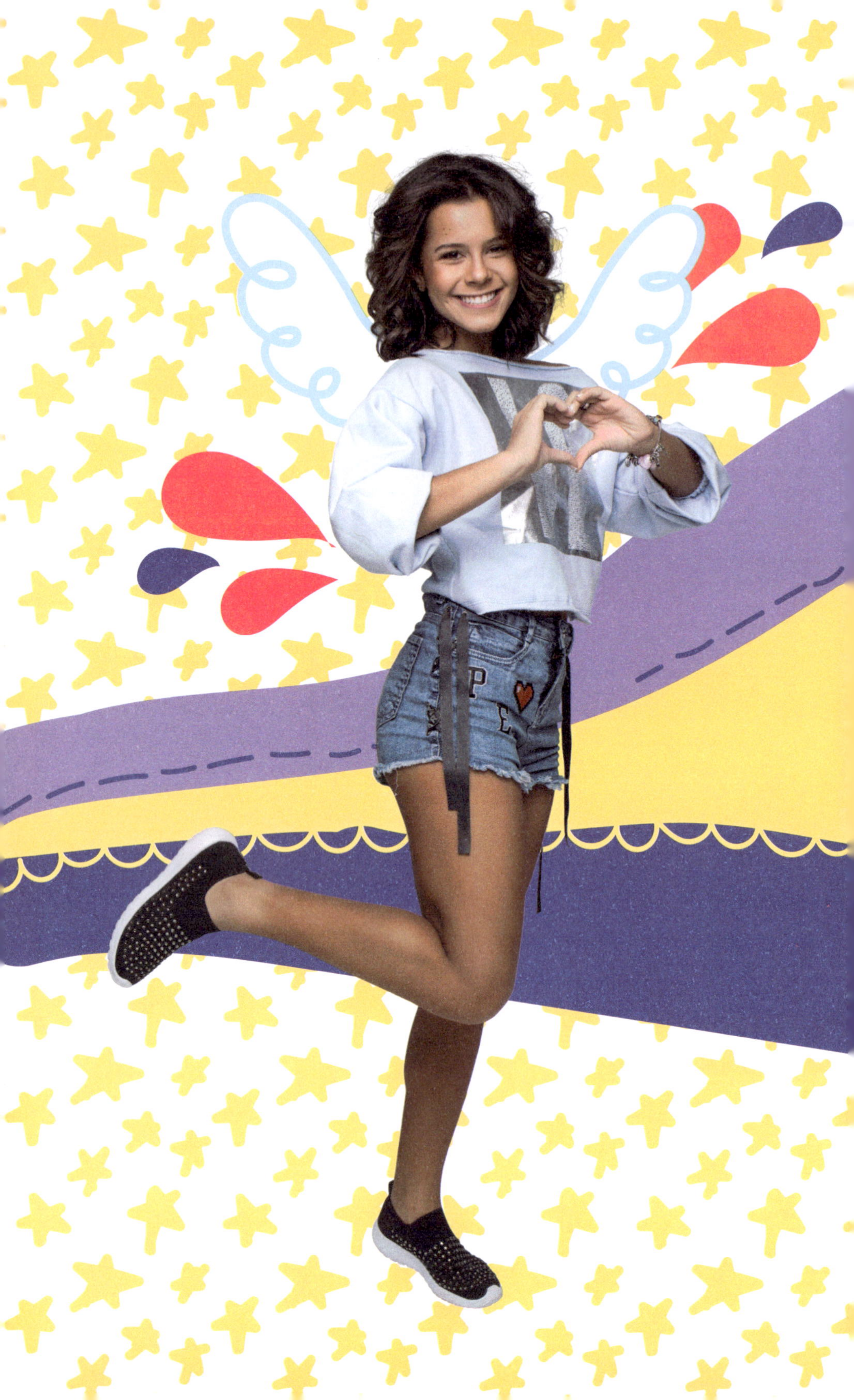

Vamos começar a PLANEJAR SEU FUTURO?

TENHO ALGUMAS DICAS PRA AJUDAR VOCÊ.
Quer saber quais são?

✓ Faça os seus dias valerem a pena. Faça de cada um deles uma nova chance de chegar mais perto do seu objetivo.

✓ Você nasceu para voar. Não permita que ninguém corte suas asas.

✓ Planeje seus voos para que eles sejam cada vez mais ambiciosos.

✓ Elimine de sua vida tudo aquilo que não te leva a lugar nenhum. Evite o que te afunda; procure o que te faz flutuar.

✓ Sei que você é uma pessoa cheia de sonhos. Sei que, quando se deita, fica imaginando como poderia ser sua vida. Tudo isso pode vir a fazer parte da sua realidade. Basta acreditar e FAZER ACONTECER!

CORAGEM, O INGREDIENTE FUNDAMENTAL

Um dos maiores inimigos da realização dos nossos sonhos é o medo de errar.

O erro tem algumas consequências:

✓ Quando ele é público, as pessoas comentam.

✓ Seja público ou não, alguns erros podem nos machucar física ou emocionalmente.

✓ Mesmo os erros cometidos sem que os outros saibam baixam nossa autoconfiança.

Então, como diria o gato de *Alice no País da Maravilhas*, vamos por partes.

Os erros em público são sempre os mais complicados. Muita gente sente um prazer especial em apontar as falhas alheias. Isso acontece nas relações normais e — mais ainda! — em redes sociais. Meu Deus do Céu! Tem gente que já acorda e vai pro teclado só para arrasar com a vida de gente que nem conhece.

O problema, nesses casos, é que a gente tem a ilusão de que vai conseguir algum progresso do dia pra noite. É muito natural que os nossos talentos, mesmo aqueles que parecem ter nascido com a gente, se desenvolvam aos poucos.

Existe um ditado chinês, muito citado por músicos,* que diz o seguinte:

---

* Não sei se você sabe, mas músicos precisam treinar muitas horas por dia até ficarem bons!

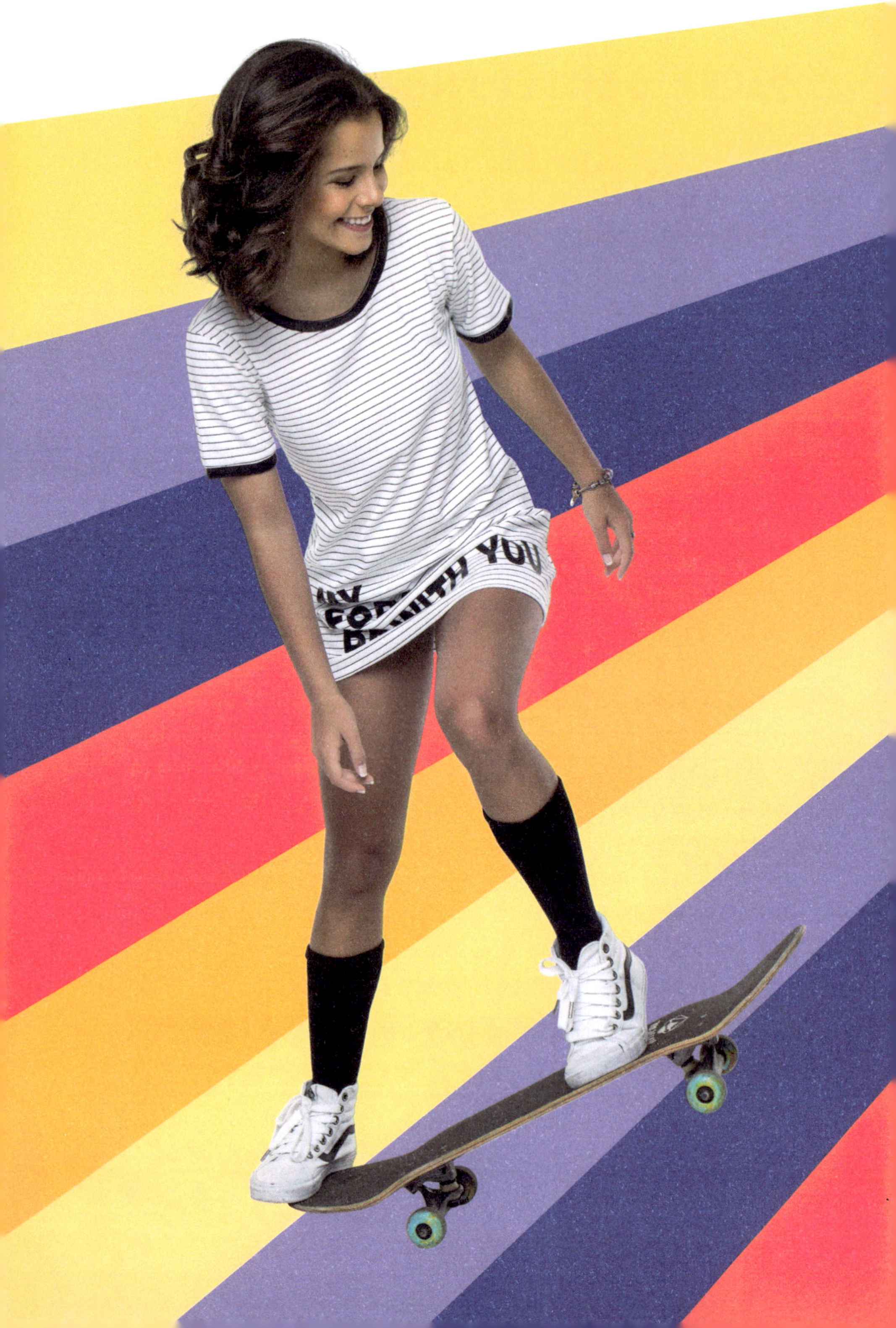

Para fazer uma COISA COM PERFEIÇÃO, você deve repeti-la *dez mil vezes.*

Não é exagero! Antes de fazer algo muito bem, nós erramos muito — até o ponto de transformar nossas falhas em aprendizado.

Uma história que aconteceu comigo

Resolvi aprender a andar de skate. Olhando meus amigos em cima dos *shapes*, deslizando pela rua ou fazendo manobras simples, dá até pra pensar que é fácil.

No entanto, pergunte a qualquer um deles o que é preciso pra aprender a andar de skate: **prática! Muitas horas de prática!**

Nessas horas de treinamento, a gente paga micos horríveis. Todo mundo vê como a gente é desajeitado, nossos tombos são motivo de riso. Doem no corpo e na alma.

O fim do primeiro dia é uma lição pra vida inteira. Você passa horas tentando se equilibrar em cima da prancha e não evolui quase nada!

Como sou teimosa, não desisti. Persisti até chegar o dia em que eu já conseguia andar alguns metros sem me estabacar no chão. Grande vitória, #sqn... Todos os meus amigos eram muito melhores do que eu. E eu tinha muita vergonha de me juntar a eles.

**EU SABIA QUE IA FAZER TUDO ERRADO.
SABIA QUE IA CAIR.
SABIA QUE MEUS MOVIMENTOS SERIAM TOSCOS E DESAJEITADOS.**

Então, eu dei uma desculpa e não apareci. Nem naquele dia nem no outro. Meus amigos me cobraram:

— Você não vem andar com a gente?

Dei uma desculpa. Não colou. Todo mundo sabia qual era meu problema. E por um motivo muito simples: a mesma coisa que acontecia comigo já tinha acontecido com cada um deles. Cada amigo que dava espetáculo em cima do shape já tinha passado por aqueles primeiros momentos, incluindo os primeiros tombos ridículos, os micos... Afinal, eu não era nada diferente deles. Só era menos experiente.

Então, um amigo disse a frase que nunca vou esquecer:

— Gabi, não adianta ter vontade se você não tem coragem!

Ela é tão importante que vou repetir:

MY
FORCE
BE WITH YOU

NÃO ADIANTA ter vontade se você não TEM CORAGEM!

Uma história incrível que aconteceu com uma amiga da minha mãe

Quando minha mãe estava no ensino médio, a melhor amiga dela queria muito ser cantora. Só tinha um problema... **A completa falta de vocação da criatura.** Além de absurdamente desafinada, ela era um desastre no palco.

A cada show, minha mãe, como boa amiga, estava lá na plateia, tentando dar uma força. Sempre dizia: "Acho que está um pouco melhor do que da última vez." Mas era mentira. O resultado era sempre constrangedor.

No fim das contas, as duas brigaram por um motivo fútil e ficaram anos sem se ver. Um dia, numa rede social, minha mãe descobriu a ex-amiga. Ela tinha desenvolvido um método próprio pra formar cantores — e era tão eficaz que até pessoas a princípio sem talento saíam do curso cantando razoavelmente. E sabe a amiga? **Ela se tornou uma cantora com ótima presença de palco e segurança na voz.**

Aquilo era quase um milagre, se considerarmos o ponto de partida.

O que a amiga da minha mãe fez?

Passou anos se apresentando no palco, mesmo sabendo que a plateia a julgava de maneira implacável. A cada fim de show, ela pensava: "Preciso melhorar mais um pouco."

Hoje, ela mora em Hollywood, onde dá as oficinas mais concorridas pra candidatos a ator e atriz que precisam aprender a cantar.

Não é incrível?

Agora imagine se ela não tivesse tido coragem pra enfrentar sua falta de talento!

Imagine se eu desistisse de andar de skate!

Imagine se você_____!

(Hmmmm... pensou que ia escapar, não é? Quero muito saber esse segredo. Qual é o talento que você tem e está deixando de desenvolver por medo de críticas?)

AMIZADES MOTIVADORAS OU TÓXICAS

Uma das coisas mais importantes da nossa vida são as pessoas que nos cercam. Parentes, amigos, colegas...

É fundamental perceber quem torce de verdade pelo seu crescimento e quem está remando contra. Tem gente que acredita mesmo que quer o seu bem. Chega com um monte de sorrisos no rosto. Mas, na prática, só bota você pra baixo. São aqueles amigos e amigas que adoram fazer uma "crítica construtiva" ou oferecer um "feedback"... Com um detalhe: ninguém pediu que eles fizessem isso!

Então, se a pessoa se apresenta como sua BFF, te abraça, abre um sorriso e, logo em seguida, começa a apontar seus defeitos... Hummm... tome cuidado. Pode ser apenas uma pessoa tóxica tentando se aproximar de você.

Existe uma maneira muito simples de perceber quem é seu amigo de verdade e quem está precisando de terapia com urgência. Seus amigos de verdade até podem apontar falhas suas, mas essa não é a tônica do relacionamento de vocês.

Aliás, existe um critério:

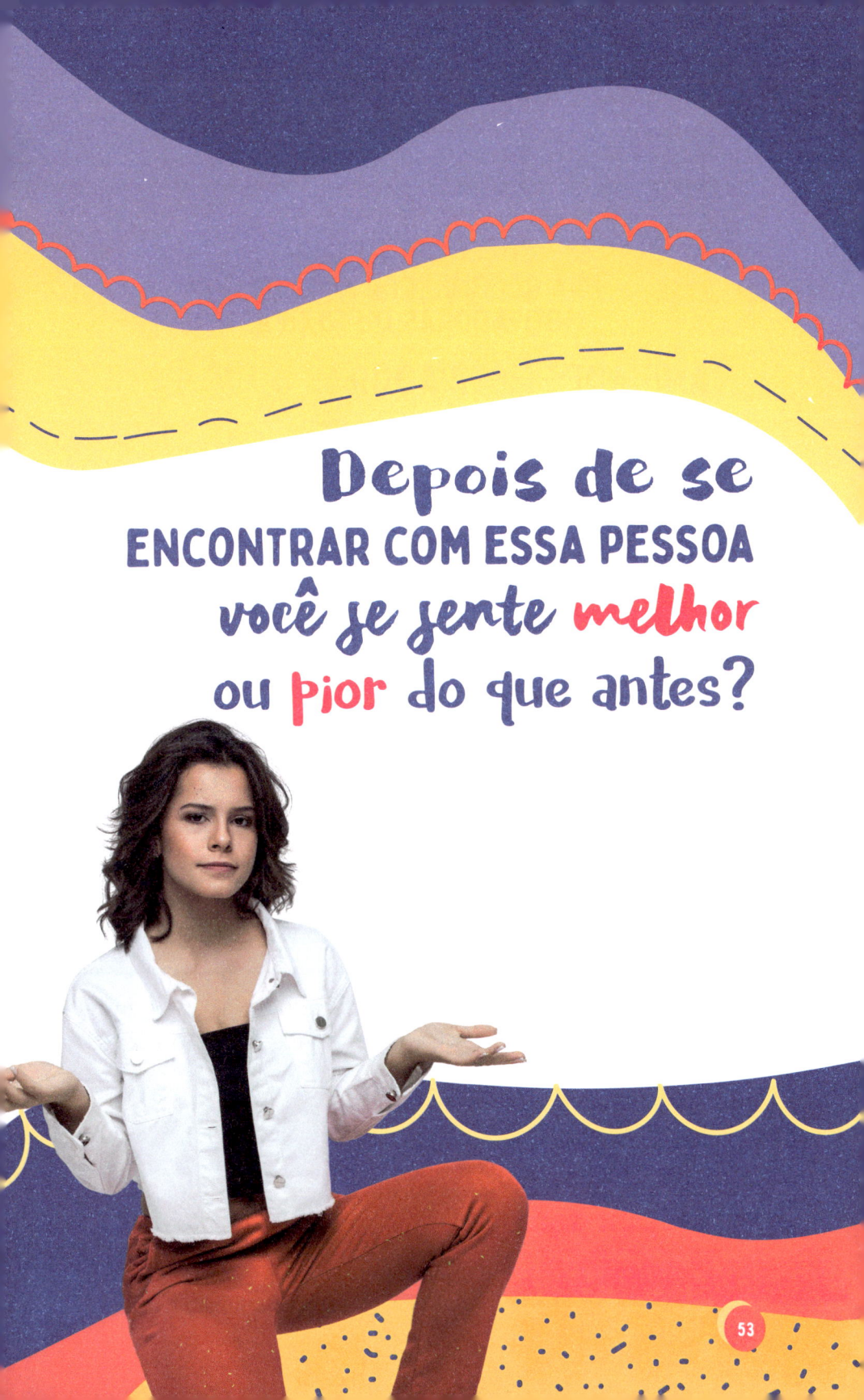

Depois de se ENCONTRAR COM ESSA PESSOA você se sente *melhor* ou *pior* do que antes?

Vamos lá... a mais um...

CHECKLIST DA GABI
PRA RECONHECER AMIZADES
MOTIVADORAS OU TÓXICAS

Amizades motivadoras...

✓ São capazes de melhorar seu ânimo nos piores momentos. Mesmo que você tenha feito uma bobagem imensa, a amizade motivadora vai enfatizar seus acertos, e não suas derrotas.

✓ Não ignoram os seus erros, mas também não dão a eles mais importância do que deveriam receber.

✓ Sempre olham você pelo seu melhor ângulo.

✓ Buscam ativamente soluções para os problemas que afligem sua vida.

Na amizade motivadora a pessoa realmente quer o seu bem.
E você sente isso!
Por outro lado...

Amizades tóxicas...

✓ Sempre deixam você pra baixo, seja com comentários, críticas ou atitudes. Tipo: "Nossa, amiga!!! Você dormiu mal esta noite? Está com uma olheira horrível!"

✓ Sempre fazem você se sentir insegura.

✓ Diminuem você pra que elas pareçam mais importantes.

✓ Valorizam demais as próprias conquistas e não se alegram com as suas.

✓ Estão sempre falando mal de alguém.

✓ Contam os segredos dos outros.

Pessoas tóxicas são um atraso de vida. Fuja delas!

Tem que prestar muita atenção. **Uma pessoa que age mal com os outros também vai agir mal com você.** Quem fala mal de todo mundo pelas costas, também vai falar mal de você. Quem trai a confiança dos outros, também vai trair a sua.

Não é tão fácil reconhecer uma pessoa tóxica. Mas é necessário aprender, educar o olho e a mente pra que você perceba os sinais. Às vezes, a gente fica meio carente e sai tratando como amiga gente que é, no máximo, conhecida.

Amizade é uma coisa muito séria e linda, que se expressa por palavras, mas também por atitudes. Uma pessoa com um bom papo é... apenas uma pessoa com um bom papo, não necessariamente um amigo.

Por isso, não vá se entregando, contando a sua vida, confiando em qualquer um, tá?

Aprenda a se preservar!

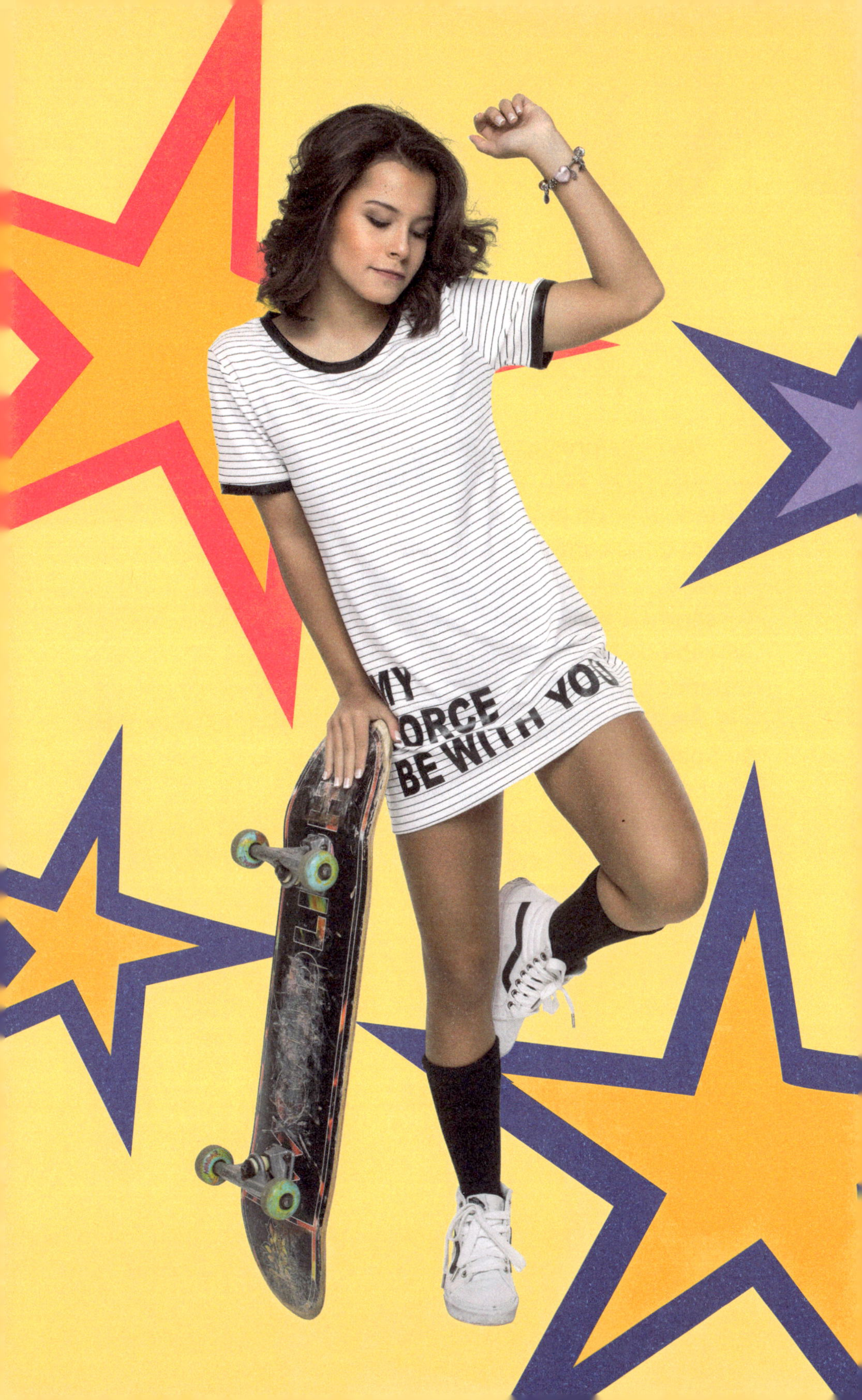
MY
ORCE
BE WITH YOU

Autoestima, a chave de tudo

Deixa eu contar uma coisa pra você...
Sabe por que esse bando de mal-intencionados consegue fazer a gente duvidar da própria capacidade? Sabe por que a gente se deixa abater tão facilmente diante de comentários negativos?
Eu entrego logo: é porque nossa autoestima anda mais baixa do que deveria. E, quando isso acontece, qualquer crítica nos derruba.

VOCÊ É LINDO!

Precisamos falar de uma coisa que mexe com muita gente: a beleza.
Ter um rosto e um corpo de acordo com os padrões de beleza se tornou a obsessão de quase todo mundo. Na imaginação das pessoas, se você tiver um rostinho de contos de fadas, um corpo perfeito, ou seja, se estiver perfeitamente de acordo com os padrões ditados pela última moda... Bem, então, tudo dará certo na sua vida e você será feliz.
Esse tipo de pensamento acaba com a autoestima de qualquer um!
Pouquíssimas pessoas estão 100% de acordo com o padrão de beleza de sua época. E aquelas que estão, vão deixar de estar daqui a algum tempo, porque os padrões de beleza mudam e porque as pessoas mudam também.

Quando a gente vê um artista ou modelo com o corpo e rosto que nós imaginamos que seja perfeito, logo acha que todo mundo se apaixonaria por ele — mas não por nós, tão cheios de defeitos.

Mas não é isso o que acontece.

DATAGABI CONVIDA VOCÊ A FAZER UMA PESQUISA

Vamos fazer uma experiência? Esqueça as pessoas que você só vê pela TV ou pela internet. Se concentre nas que você observa nas ruas, na sua escola, na sua família, na praia, no shopping. Leve papel, lápis e prancheta pra ajudar a sistematizar nossa pesquisa.

Procedimento:

Fique parado no mesmo lugar por, no mínimo, 10 minutos, com a prancheta na mão e vá marcando do jeito como achar melhor:

a) Quantas pessoas **completamente dentro do padrão de beleza** passaram na sua frente.

b) Quantas pessoas **completamente fora do padrão de beleza** passaram na sua frente.

c) Quantas pessoas que **não estão nem lá nem cá** passaram na sua frente.

d) Total de pessoas que você observou.

Se você for muito bom em matemática, vai conseguir montar sozinho o resultado da sua pesquisa. Caso contrário, pode pedir ajuda a alguém que seja fera na matéria ou ao profe.

Como eu já fiz essa pesquisa, vou compartilhar com você meus resultados. Mas dou a maior força pra que você não desista de fazer a sua.

Fiz minha pesquisa na praia, porque é um lugar onde as mulheres usam menos maquiagem, ninguém usa cinta para esconder gordurinhas, quase todo mundo está de cabelo molhado. **Enfim, é um ambiente onde as pessoas se apresentam mais naturais.**

Fiquei um tempão observando todo mundo que passava à minha frente. No fim das contas, eu tinha o seguinte resultado:

Total: 136 pessoas
Completamente dentro do padrão: 5 pessoas
Completamente fora do padrão: 6 pessoas
Nem lá nem cá: 125 pessoas

EM TERMOS ESTATÍSTICOS, beleza e feiura SÃO INSIGNIFICANTES.

Olhe bem pra esse resultado!!!!
Se você fizer a pesquisa por conta própria, vai obter um resultado muito parecido. Sabe por quê? Porque, no fundo e no raso, a imensa maioria das pessoas não está nem em um extremo nem no outro.

Somos todos medianos. Isso quer dizer que num dia estamos luminosos, felizes, radiantes e damos ao mundo a impressão de que somos lindos. E que, em outros dias, estamos meio caidinhos e passamos a impressão de que somos feios.

Quem ama o feio bonito lhe parece?

O que torna as pessoas atraentes é uma série de fatores que nem estão tão ligados à aparência física. Eu percebi isso no dia em que entrei num restaurante com minha mãe. As mesas à nossa volta estavam ocupadas por casais e por famílias. E, olha, vou contar pra você: ali, todo mundo era casado, mas ninguém chegava nem perto da perfeição...

Tinha homem começando a ficar careca, tinha mulher acima do peso, moça dentuça, rapaz cheio de cicatriz de acne, moça com cabelo ressecado, menino com aparelho nos dentes, mulher com orelha de abano, homem vesgo. A única coisa comum a todas essas pessoas era que faziam parte de um casal. **E pareciam felizes e animadas com suas vidas!**

Se você olhar para os casais que conhece, vai constatar esse fato: não é a beleza física que une as pessoas. A maioria das amigas e dos amigos que estão namorando não são necessariamente os que seriam considerados mais bonitos dentro do padrão de beleza.

DATAGABI NA FESTA

Tive certeza dessa constatação numa outra vez, quando passei um tempão com uma amiga espiando as pessoas que chegavam a uma festa. Fiquei ali só de DATAGABI, com minha prancheta imaginária nas mãos.

Podia até ser que existissem alguns casais ali, mas só de olhar não dava pra perceber. Não vou dizer que era todo mundo bonito. Mas era muito óbvio que estavam todos muito PRODUZIDOS! Todo mundo queria parecer bonito, descolado ou interessante...

Resumindo: o clima ali mostrava uma enorme ansiedade! Ninguém estava ali relaxado, só pra se divertir.

A impressão que tive era que as pessoas haviam gastado um tempão se produzindo para serem JULGADAS pelas outras.

Elas precisavam sair dali se sentindo:

ESPECIAIS
DESEJADAS
IMPORTANTES
DESCOLADAS

Mais tarde, conversando com amigos mais velhos, soube que, em algumas festas pagas, existe na entrada da festa a figura do Door, que é uma pessoa especialmente encarregada de ficar junto à porta (daí o nome *door*) barrando quem ela não considera merecedora de frequentar o ambiente — normalmente porque seu padrão físico ou de vestimenta destoa do desejado.

Agora, imagina! Você tenta entrar na festa, tem dinheiro pra pagar o ingresso, tem 18 anos, mas o Door diz assim: "Você não entra." Tem autoestima que resista a isso? Não tem, né?

VOCÊ NÃO PRECISA SE SUBMETER A JULGAMENTOS!

Essas festas pagas apenas tornam mais claro um movimento que existe em todo lugar. Querem obrigar você a se encaixar num padrão, descartando quem você é de verdade.

Quer saber o que eu acho disso?

O **GABIDICAS** vai contar pra você.

✔ A beleza é muito mais do que um rosto bonito. Beleza de verdade vem de dentro.

✔ O que embeleza você são as suas atitudes e não a sua pose ou o que você usa.

✔ Você não precisa seguir padrão nenhum, siga apenas o que não te deixa desconfortável. Sinta-se bem com seu próprio corpo, use as roupas que você gosta, escute o tipo de música que combina com seu momento.

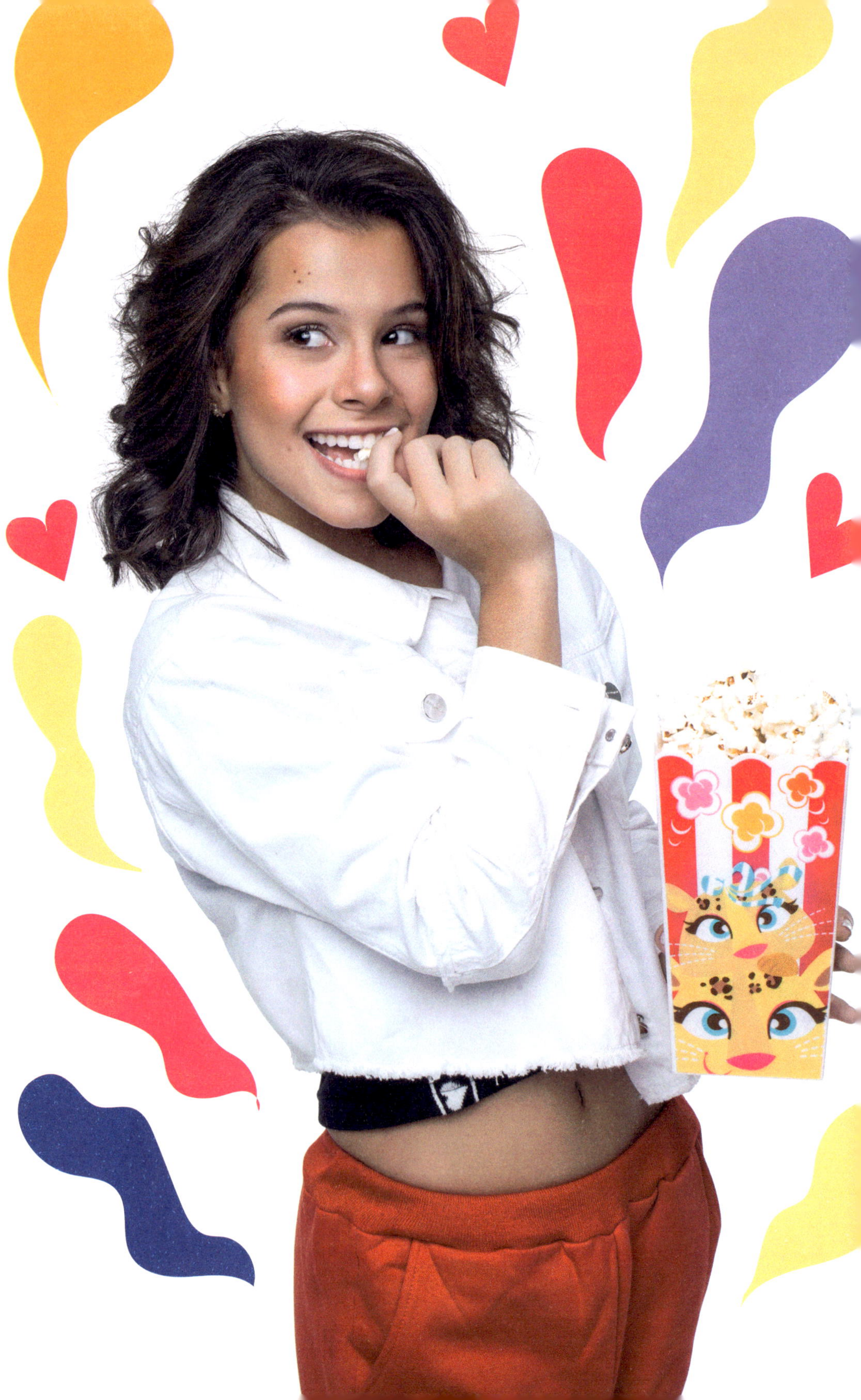

Não existem **PESSOAS PERFEITAS,** só aquelas que fazem você se **SENTIR BEM.**

O amor vai chegar pra você

Por trás de toda essa insegurança com relação à nossa aparência existe um medo universal, social, que vem gravado no nosso DNA. Um medo que é tão profundo que parece até que nasceu com a gente. **É o medo de ver todo mundo amando e sendo amado — menos nós.**

Em função desse medo, nós tentamos ficar cada vez mais belos aos olhos dos outros. Como a pesquisa do **Data-Gabi** do capítulo anterior já demonstrou, não é a beleza de acordo com os padrões que nos torna mais atraentes. Mas até aprendermos a lidar com isso, sofremos muito!

Vamos fazer um teste pra saber como você está lidando com o medo da rejeição? Ele vai ser muito útil pra mostrar em quais pontos você precisa evoluir.

RESPONDA ÀS SEGUINTES PERGUNTAS:

1) Você tem uma festa incrível pra ir. Na hora em que está pronta para sair, toda linda, sua única sandália de gala arrebenta as tiras. Não há outra sandália que combine com seu vestido. Se for menino, imagine que a sola do seu sapato mais maneiro soltou. O que você faz?
a) Se tranca em casa chorando e desiste de ir à festa.
b) Se pendura no telefone, na internet, no zap, no messenger, no direct até encontrar alguém que possa emprestar outro calçado para você — mesmo que o fato de ir buscá-lo consuma boa parte do seu tempo e você chegue quase no final da festa.
c) Bota suas havaianas e as esconde na bolsa ou deixa em algum lugar assim que chega ao local. Entra descalço e dando risada dizendo que "quer sentir a energia que vem do solo" pra aproveitar melhor uma ocasião tão especial.

2) Nessa mesma festa, percebe que tem um grupo que olha feio pra você e começa a debochar do fato de você estar descalço. Você...
a) Reconhece ali algumas pessoas que gostaria de impressionar. Fica arrasado com a rejeição deles e volta pra casa.
b) Não volta pra casa, mas a rejeição do grupo o incomoda. Fica na dúvida entre provocá-los e esconder os pés descalços debaixo da toalha de uma mesa.
c) Vai pro centro da roda e dança com vontade. Sorri para aqueles que tentam te botar pra baixo. Não é uma provocação, mas uma mensagem singela: ninguém rouba a sua alegria.

3) Esquece a sandália ou o sapato. Você está calçado. Sua roupa, seus acessórios, tudo em você está exatamente como deveria estar. Mesmo assim, quando você entra na festa e vê os olhares voltados na sua direção...
a) Começa a repassar mentalmente tudo o que pode estar errado na sua produção. Acaba encontrando algum detalhe besta e se fixa nele.
b) Adora perceber que todos os olhares se voltam pra você. Sabe que está de acordo com o que a ocasião pede. Não há nada a temer.
c) Tem alguém olhando pra você??? Nem reparou.

4) A festa foi ontem. Na escola, está todo mundo comentando quem ficou com quem. Você não ficou com ninguém — nem com o crush... e, afinal, aquela produção toda também era pra isso! Como você se sente?
a) Fica arrasado. Tem certeza de que nem o crush nem outra pessoa nunca mais vai olhar pra você.
b) Pensa que talvez tenha alguma errada com o crush. Afinal, você estava um arraso e mesmo assim não atraiu nenhum olhar dele.

c) Conclui que algo deu muito errado na noite. O crush devia estar de péssimo humor. Da próxima vez, vai caprichar mais no sorriso.

5) Na escola, nos dias seguintes, o crush continua sem notar a sua existência. Como você se sente?
a) O pior do mundo. No fundo, já sabia que isso ia acontecer. Acha que, com você, é sempre assim: seu interesse nunca é recíproco.
b) Acha que esse crush já deu o que tinha que dar. Se ele ou ela não quer conhecer você, é hora de partir para um novo.
c) Se a montanha não vem a Maomé, Maomé vai à montanha... Escolhe uma hora em que o crush esteja mais acessível e começa a puxar conversa.

VAMOS CONTAR OS PONTOS:
Cada resposta A vale 1 ponto.
Cada resposta B vale 3 pontos.
Cada resposta C vale 5 pontos.

De 5 a 10 pontos

Amigue... sua autoestima anda lá no fundo do poço. Você é o tipo de pessoa que se olha no espelho e não gosta do que vê. Você se julga, se rebaixa. Isso é péssimo! Se você não se amar, como espera que os outros descubram a pessoa incrível que você é?

Por isso, eu estou aqui! Para dizer que você é lindo, mas precisa começar a se aceitar do jeito como é. Se ame, se cuide, não deixe que ninguém diminua o seu valor. Seja sua própria essência — e você vai ver como tudo vai melhorar.

De 11 a 18 pontos

Você está num bom caminho, mas precisa perceber melhor suas próprias qualidades. Sua tendência é ficar confortável quando está bem inserido no grupo. Para evitar críticas, você acaba moldando demais o seu comportamento. Aprenda: se for preciso mudar alguma coisa em você pra que o crush preste atenção à sua existência, então não vale a pena. Pode ter certeza, alguém vai te amar do jeito que você é.

De 18 a 25 pontos

Os outros até se acham, mas você tem certeza. Autoconfiança é com você mesmo. Não é fácil abalar a segurança que você tem. Você não liga pra modismos nem pra opinião do grupo. Só é preciso tomar cuidado com os exageros. Não deixar que a opinião dos outros nos abale é muito bom. Mas nem todo toque que te dão é mal-intencionado. Às vezes, aprender a ouvir críticas e levá-las em consideração é importante pro nosso crescimento.

Seja o que for, escolha o amor.

Tem gente que está sempre com uma energia negativa, já reparou? É gente que só critica, ou que é grosseira sem necessidade. De modo geral, essas pessoas são assim porque nunca receberam amor. Isso a gente consegue compreender. Mas compreender não quer dizer aceitar.

Não é porque a pessoa não recebeu amor que ela pode tratar você mal!

E também não é porque você levou uma patada que vai retribuir da mesma maneira. Se fizer isso, vai ajudar a alimentar um círculo vicioso em que os sentimentos negativos se alimentam e os positivos... coitados... vão pro espaço.

Do que vale oferecer o mal? Do que vale fazer alguém triste com palavras cruéis e atitudes idiotas? Não é por acreditar que não recebe amor que você vai transmitir rancor.

Você precisa prestar atenção pra dar sempre o melhor de si, pra transmitir coisas boas pras pessoas que te cercam.

NÃO SEJA a pessoa que você não gostaria DE CONHECER.

74

Às vezes, é difícil a gente se segurar quando alguém nos ofende ou machuca. Mas — pare e pense — pra que você vai revidar na mesma moeda e perder a chance de mostrar que é diferente?

Não é preciso xingar, fazer o mal. Você pode espalhar pétalas de amor por onde passa.

A pessoa te machucou?

Então deixe essa criatura pra lá, esqueça. Um dia, talvez ela aprenda que é assim que o mundo funciona. Ou não, mas isso é problema dela. O que importa é VOCÊ!

Torne-se conhecido pela sua gentileza, pelo seu brilho pessoal, pelo seu sorriso, pela sua capacidade de transmitir alegria e serenidade por onde passa. Você vai ver como o mundo vai retribuir em dobro todo o cuidado que você tem com ele.

LONGE DA NEGATIVIDADE

Se no dia a dia já é difícil lidar com gente negativa, imagine como é complicado quando você é uma youtuber!

A maioria das pessoas é muito fofa e positiva. Eu recebo feedbacks maravilhosos do meu trabalho, ondas de energia boa e carinho dos fãs — e é isso que mantém o meu pique para continuar fazendo o canal cada vez mais bacana, divertido e informativo. Quero sempre oferecer o meu melhor!

No entanto, a gente sabe que tem de tudo na internet. E, de vez em quando, eu preciso lidar com haters.

Muita gente pensa que a internet é um meio que só tem coisas positivas. E bem que deveria ser assim. Mas não é. O problema não está na internet, mas nas pessoas que a usam. Tem muita gente que só quer colocar o outro pra baixo.

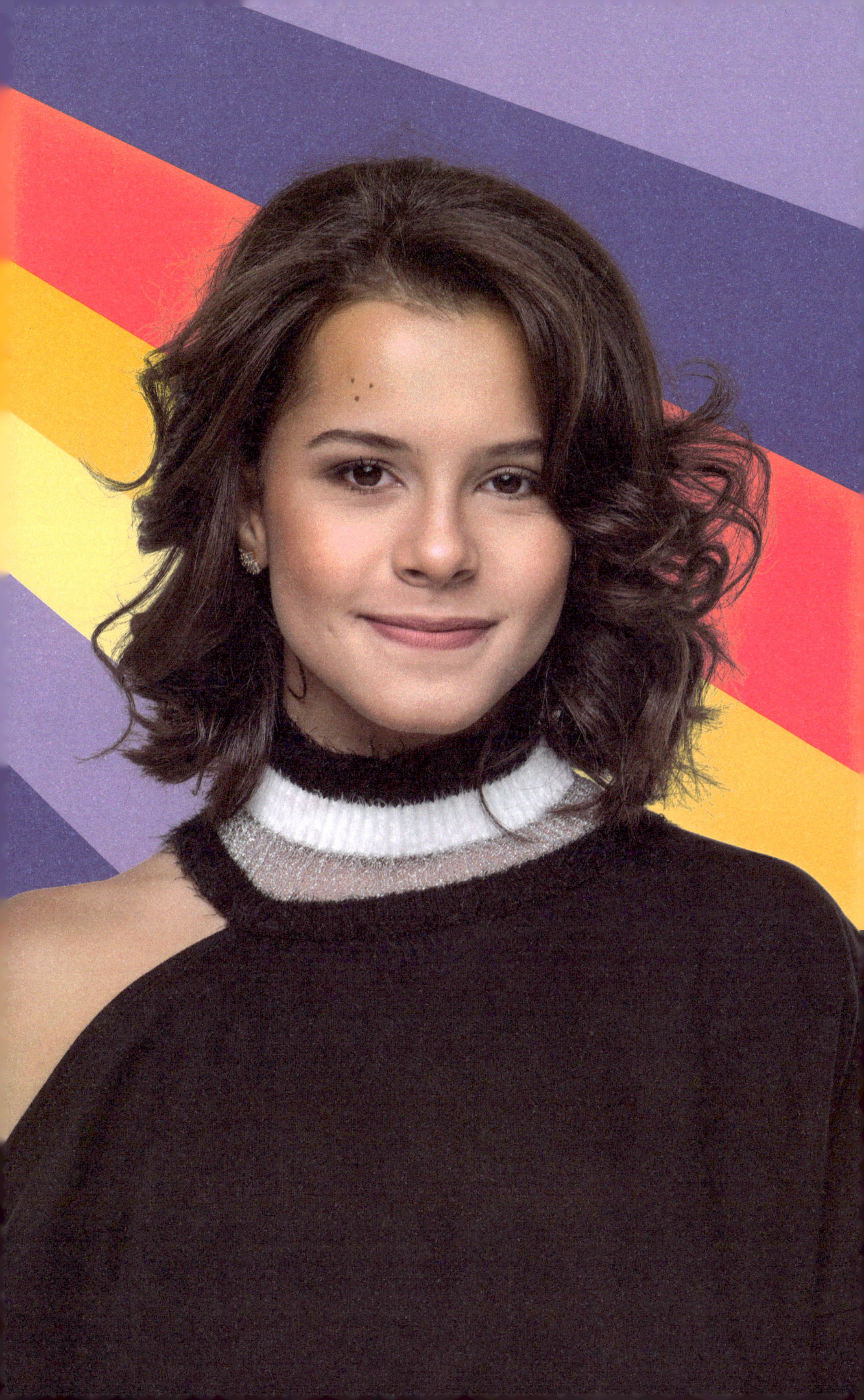

Um hater
é uma pessoa
extremamente
TÓXICA.

Ela sente prazer em fazer o mal, em aproveitar cada pequena falha sua pra tripudiar. E não faz isso sozinha, mas em conjunto. Por mais que você faça mil coisas boas, o hater vai procurar o defeitinho pra despejar toda a raiva do mundo ali.

Às vezes, esse movimento cresce um pouco e se torna um pouco assustador. Já aconteceram coisas bem cruéis comigo. **Começaram a me xingar em grupo, de forma organizada, e eu fiquei bem pra baixo com isso.**

Ficar exposta a um ataque de haters é uma situação bastante traumática — e não recomendo que ninguém se submeta a isso sem ter um apoio muito forte. No meu caso, quem dá esse apoio é minha mãe, além dos meus amigos, é claro. **Dependendo da situação, ela pode bloquear a pessoa** — e faz muito bem, porque eu não preciso ler esse tipo de coisa. Nem eu, nem você, nem ninguém.

DICAS DA GABI

Se você também é adolescente, como eu, ou mesmo criança, não tente lidar sozinho com os haters.

Peça ajuda a um adulto bem informado. Ele poderá tomar as seguintes providências:

✓ Bloquear os agressores.

✓ Chamar o agressor pra uma conversa no direct.

✓ Imprimir os prints das mensagens e, no caso de haters mirins, encaminhá-las aos seus responsáveis.

✓ Em casos mais graves, denunciar a ação do agressor à polícia.

✓ Evite a todo custo ler esse tipo de mensagem venenosa.

✓ Peça ao adulto que está com você pra reduzir a sua exposição a esse tipo de mensagem.

✓ Caso você seja obrigado a ler esse tipo de comentário, não o absorva!

✓ Reze pra que essas pessoas tenham mais amor. Porque, vamos combinar, quem tem uma vida bacana, quem é muito amado, não anda por aí atacando desconhecidos na internet, né?

O QUE ACONTECEU COMIGO

O post que mais me rendeu xingamentos foi, curiosamente, um IGTV em que eu falava sobre respeito. Ora bolas, todo mundo merece respeito e todo mundo deve respeitar os outros! Não era um tema tão polêmico assim, né? Mas algumas pessoas acharam que eu estava mandando indiretas e se organizaram pra me atacar.

Comecei a receber muitas mensagens ruins, muitos xingamentos. Fiquei preocupada e avisei à minha mãe, que começou logo a tomar providências e a bloquear os agressores. Sim, bloquear! As pessoas pensam que só porque você é famosa tem que estar de boas com o fato de ser atacada.

Eu não acho. Não sou obrigada. Ninguém tem que ver coisas ruins!

Se, por acaso, você costuma agir assim, ainda dá tempo de parar e refletir.

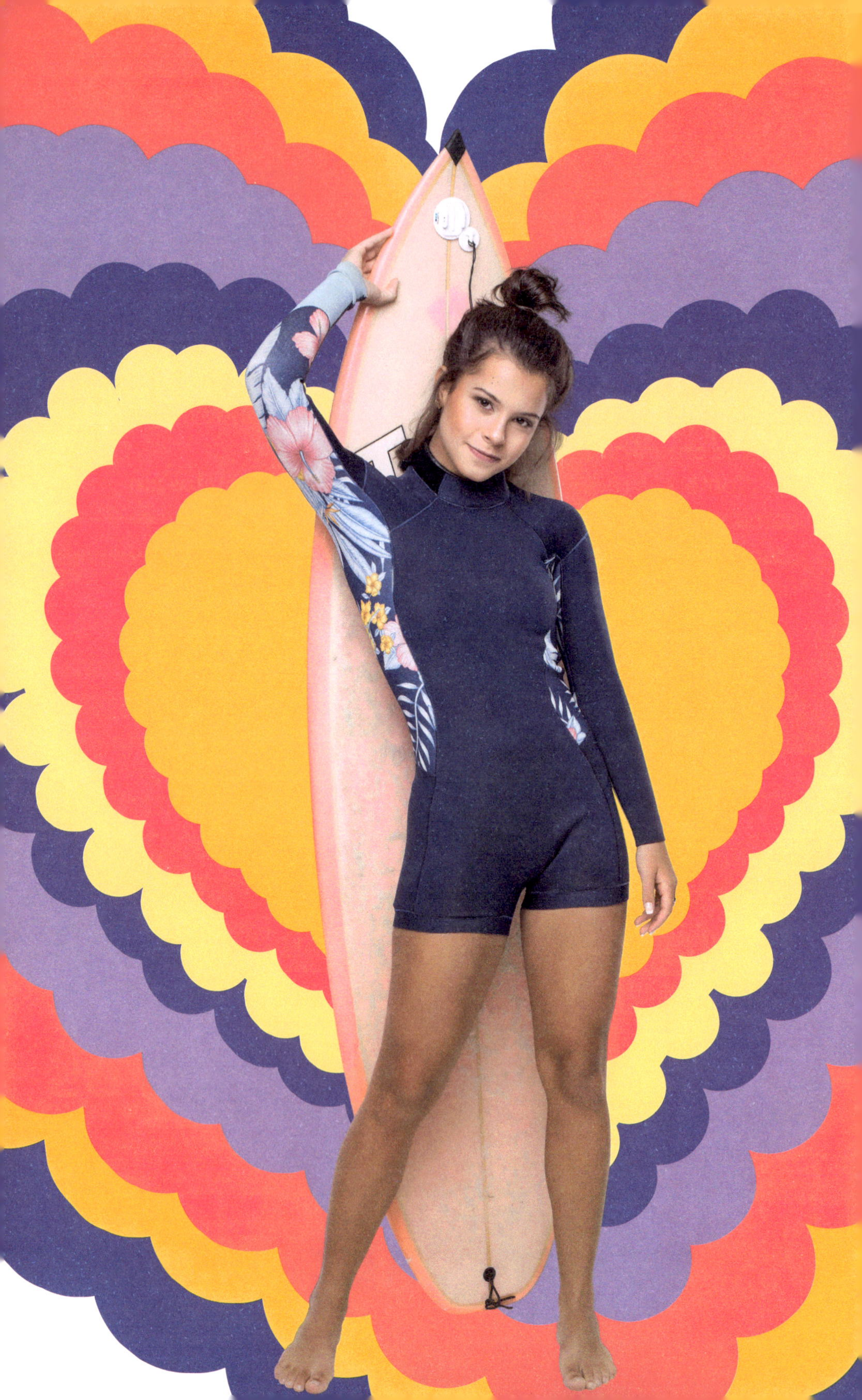

Julgar os outros **NÃO PODE SER** um passatempo.

Existe idade certa pra namorar?

Em primeiro lugar, preciso deixar claro que cada caso é um caso. Mas se tem uma coisa que me deixa irritada é gente falando que eu sou muito nova pra namorar. Esse povo adora dizer que, na minha idade, ainda brincava de boneca e assistia a muitos desenhos animados.

Agora, eu pergunto: Qual é o problema se eu sou diferente? Se eu descobri o amor antes de deixar a boneca de lado? Se eu resolvi questionar o mundo em que vivo? Se meu sonho não é conhecer a Barbie, e sim conhecer o Universo?

EU NÃO ENCONTREI
o amor.
FOI O AMOR
que me encontrou
– e isso não tem idade.

UMA PALAVRA TÃO FORTE

Vejo muitas pessoas mais velhas levarem o ódio muito mais a sério do que o amor. Dizem que ódio é uma palavra muito forte, mas às vezes, sem nem perceberem, praticam esse sentimento o tempo todo. Passam o dia julgando os outros, usando suas palavras pra fazer mal, pra ofender.

Essas pessoas se viram pra mim e dizem: "Você ainda não tem idade pra saber o que é o amor." Acho que antes de dizer esse tipo de coisa, elas deviam se perguntar: "E eu? Será que sei mesmo o que é o amor? Ou passo meu tempo alimentando pensamentos e sentimentos ruins?"

Será que as pessoas que se chocam com o fato de uma adolescente dizer que está amando também ficam horrorizadas com a violência, com a discriminação, com o egoísmo?

COMO EU SEI QUE ESTOU AMANDO

Para mim, os sintomas do amor são muito claros:

✓ Um sentimento luminoso, simples, sem padrões e sem regras.

✓ A felicidade de cuidar de alguém e receber cuidados.

✓ A existência de uma pessoa que só me faz bem, me leva a descobrir emoções novas, me faz sorrir, chorar, viver mais intensamente.

✓ Uma sensação de plenitude e bem-estar.

MATURIDADE NÃO TEM NADA A VER COM IDADE

O amor me fortalece. Graças a ele, dou cada vez menos importância ao que desconhecidos dizem sobre minha vida.

Para mim, falta de maturidade é gente que não faz parte da minha vida querer dar um monte de palpite. Pra essas pessoas, eu tenho um recado. Amor não se discute. Se escolhi amar mais jovem ou mais velha, o problema é meu. Hummm... e da minha mãe também, claro ☺. Se quero namorar aos 13, é algo a ser conversado entre mim e minha família.

A gente não manda no coração, não escolhe a pessoa pela qual vai se encantar. Simplesmente acontece.

Então, não me julgue por amar. Aliás, não me julgue e ponto!

Deixe que eu transborde tudo o que existe de bom dentro de mim.

Deixe que eu seja amor em meio a esse mundo tão autocentrado e egoísta.

SAUDADE DANADA!

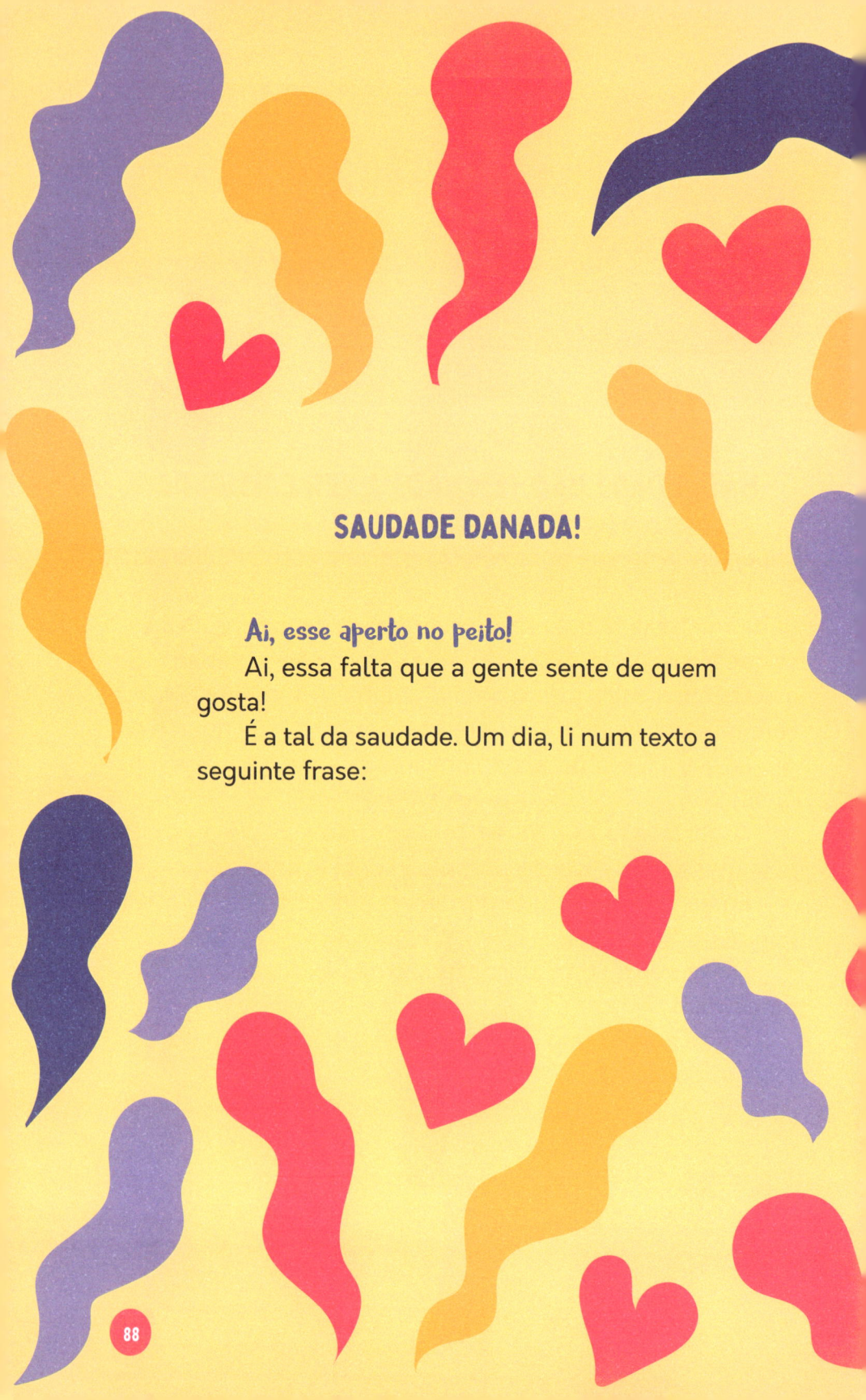

Ai, esse aperto no peito!
Ai, essa falta que a gente sente de quem gosta!
É a tal da saudade. Um dia, li num texto a seguinte frase:

Saudade é o amor que fica.

É exatamente assim que a gente se sente. A pessoa amada foi embora e o sentimento ficou ali, zumbindo dentro do peito, numa sensação que é ao mesmo tempo boa e ruim.
Sabe como eu percebo os sintomas de saudades agudas?

✓ Vontade de abraçar alguém que está longe.

✓ Vontade de guardar a pessoa dentro de um potinho pra pegar cada dia um pouquinho.

✓ Vontade enorme de largar tudo e sair correndo pra perto de quem a gente gosta.

✓ Vontade de viajar no tempo e fazer o dia da gente se encontrar chegar bem rapidinho.

O pior é que, às vezes, a gente nem sabe se vai voltar a ver a pessoa que foi pra longe. Pode ser que sim. Pode ser que não. Então, a saudade também tem uma função, que é a de manter as pessoas conectadas mesmo quando a distância física é grande. **Os corpos podem estar em outras dimensões, mas, se tudo que a gente sente é real, nossas almas farão da distância um detalhe pequeno.**

Os corpos podem até ficar distantes, mas as almas, não.

Saudade de tudo quanto é jeito

Eu já senti diversos tipos de saudades.

Algumas pessoas já se distanciaram de mim. Continuamos morando na mesma cidade, às vezes até no mesmo bairro. Mas nossas almas foram pra lugares diferentes. Ou, o que é pior, o meu sentimento ficou onde estava e o sentimento da outra pessoa tomou outro rumo. Seja como for, é uma situação em que a saudade dói e faz sofrer.

Já perdi pessoas porque a gente simplesmente não se viu mais. O sentimento dependia da presença. Sem o contato diário, o amor virou fumaça.

Com outras pessoas, a distância não mudou nada. Mesmo estando longe, a gente continuou a se ajudar, a se gostar, a fazer a diferença na vida um do outro. E tem também o contrário! Gente que está fisicamente do seu lado e nem se dá ao trabalho de oferecer ajuda quando você precisa, não fica contente com as suas alegrias e não divide as suas tristezas. Ou seja, não adianta nada estar por perto. **Aliás, melhor faria se estivesse... longe!**

O amor foi embora mesmo ☹

Às vezes, o amor vai embora mesmo. Ele se muda com a família, troca de escola, vai morar em outra cidade, em outro estado, em outro país. É preciso encarar a realidade: o amor nem sempre volta. É uma despedida, com passagem só de ida.

O mais angustiante dessas situações é que o amor não acabou, mas as condições pra que florescesse foram retiradas da sua vida. Nessas horas, a saudade pode se transformar em uma grande inimiga.

Não existe nada pior do que transformar aquele amor interrompido num modelo de relação ideal. É preciso muita coragem pra encarar a verdade: o namoro acabou — e não foi por falta de amor!

Você não pode deixar que a saudade impeça você de seguir em frente e ser feliz de novo.

Nessas horas, sempre penso no seguinte:

Tudo o que você passou, as pessoas que conheceu e amou, as que deixou pra trás ou que permaneceram no seu caminho fazem parte de você. As lembranças formam a pessoa que você é hoje e não podem impedi-lo de construir um futuro maravilhoso, em que você possa se orgulhar de tudo o que realizou e do que ainda vai realizar.

Rejeição e distância emocional

Nem sempre a distância que nos separa de quem amamos é física. Muitas vezes, ela é emocional. Acho que assim dói mais ainda.

A distância física é uma fatalidade totalmente fora do nosso controle. Os pais de alguém se mudaram de bairro, de cidade, de país — e lá se vai a pessoa amada pro outro lado do planeta. O crush foi estudar em outra escola. Foi morar com os avós em outro estado. Aceitou uma transferência no trabalho.

Enfim, de repente, criou-se uma distância física que não existia.

Pode acontecer também de a gente se apaixonar por alguém que já mora longe, e aí a distância faz parte da relação desde o início.

De repente, O QUE PARECIA tão próximo fica distante...

O afastamento mais doloroso

A dor maior vem quando a pessoa está ao alcance da sua voz, ao alcance de um telefonema, de uma mensagem... Mas nem por isso está perto do seu coração.

Lembra a magia que existia, o brilho no olhar quando vocês se encontravam, o coração que batia mais forte quando vocês se aproximavam?

A verdadeira distância é quando tudo isso vira pó. Quando você sente que nunca foi o bastante, que seu carinho nunca foi importante pro outro, que não era seu beijo o que mais o emocionava. Sabe qual é a parte que vira pó? É aquela que registra tudo o que você fez pra que a relação desse certo.

Por isso, a gente tem que tomar cuidado com a intensidade com que nos doamos a uma relação. Tem que se doar um pouquinho — e observar o retorno. Se o outro também se doa, ou reconhece como positivo o seu movimento de entrega, ótimo. Pode se doar mais um pouquinho. Mas não permita que a indiferença da outra pessoa machuque você.

Conheço muita gente que fica arrumando desculpas para o comportamento frio do crush. Mas não tem jeito. Chega uma hora em que fica muito claro que ele não está tão interessado assim em você.

Observe alguns sintomas:

✓ Ele nunca toma a iniciativa de enviar mensagens afetivas.

✓ Nunca está disponível pra um momento de carinho.

✓ Vive dando desculpas pra faltar aos encontros que marca. Isso quando marca...

✓ Se você envia uma mensagem fofa, demora pra responder.

✓ Quando responde, é de forma burocrática e automática.

✓ Nunca quer ser visto em público com você em atitudes carinhosas.

✓ Se você fala em compromisso, reclama que está sendo pressionado.

Esse conjunto de atitudes tem um nome: falta de interesse e ou de comprometimento.

Isso sim, afasta as pessoas. É isso que faz com que você perceba que não é tão importante na vida da outra pessoa. Neste momento, você pode fazer duas coisas:

✓ Se tem amor-próprio: caia fora desse tipo de relação. Não vai trazer nada de bom pra você.

✓ Se não tem amor-próprio, continue insistindo. Aos poucos, você se sentirá cada vez mais diminuído e insignificante. Sua autoestima vai começar a ir ainda mais por água abaixo.

POR MAIS SOFRIDO QUE SEJA, a melhor coisa a fazer **diante de alguém que** não valoriza a sua companhia **É CAIR FORA.**

É preciso aprender a lidar com a rejeição. Uma das coisas mais sofridas de se fazer é admitir que está sendo rejeitado. A partir daí, ou você permanece na situação e vai sendo cada vez mais machucado, ou cai fora.

A pergunta fundamental é: essa pessoa me faz bem OU ME FAZ MAL?

Falar é fácil, mas sair de uma relação quando temos certeza de que aquela é a pessoa da nossa vida é muito difícil. Então, geralmente, ficamos muito tempo sem tomar uma atitude, estagnadas nesse local de sofrimento e rejeição.

Nessas horas, falta a pergunta que a gente precisa se fazer: essa pessoa me faz bem ou me faz mal?

A gente cismou que ela — essa pessoa que nos rejeita — é o homem (ou a mulher) da nossa vida. A gente olha pra ela e só vê perfeições. A sensação que dá é que ela não nos ama porque estamos fazendo algo de errado, ou porque não estamos à altura.

Vamos começar questionando esse lugar de perfeição?

Vou desenhar um esqueminha pra facilitar nosso raciocínio.

Marque um X na afirmação que melhor descreve a relação de vocês.

1) A pessoa trata você como uma princesa (um príncipe)?
( ) Sim ( ) Não

2) Responde rapidamente todas as suas mensagens, está sempre ao seu lado quando precisa?
( ) Sim ( ) Não

3) Escuta atentamente quando você fala e valoriza suas opiniões?
( ) Sim ( ) Não

4) Apresenta você a todos os seus amigos, dizendo que você é uma pessoa incrível e que eles precisam te conhecer?
( ) Sim ( ) Não

5) É capaz de desmarcar um compromisso só pra ficar com você?
( ) Sim ( ) Não

6) Age como se fosse a última Coca-Cola do deserto e fizesse um favor em estar ao seu lado?
( ) Sim   ( ) Não

7) Vive insinuando que, se for embora, ninguém mais vai querer ficar com você?
( ) Sim   ( ) Não

8) Deturpa as confidências que você faz pra sempre parecer que você é insignificante?
( ) Sim   ( ) Não

9) Você morre de medo de perdê-lo porque acredita que é a melhor pessoa que você conseguirá namorar na vida?
( ) Sim   ( ) Não

10) Apesar de não ser tão bem tratado como gostaria, tem certeza de que vocês foram feitos um para o outro?
( ) Sim   ( ) Não

Resultado

Da pergunta 1 até a 4, só existe uma resposta admissível, e ela é SIM.

A pergunta 5 não precisa ser sempre SIM, mas é desejável que exista um bom equilíbrio entre as opções.

Da 6 a 10, a resposta correta é NÃO. Caso haja algum SIM, preste bastante atenção a essa relação. Ela pode vir a ser ruim para você.

Por quê?

Porque uma relação nociva começa com pequenas indelicadezas, pequenas faltas de atenção que, com o tempo, vão se agravando. Fuja disso!

E PRESTE ATENÇÃO!

✓ Se a pessoa só pode encontrar você quando não tem nada mais interessante a fazer, fuja dela. No começo, você até pode sofrer de saudades. Mas logo vai perceber que fez o melhor para sua autoestima.

✓ É horrível perceber que a pessoa não é tudo o que você imaginou. Constatar que você deu tanta moral a quem nem ligava para saber se estava tudo bem. Mas é assim mesmo. Afastar-se de quem não dá valor a você faz parte do seu crescimento.

✓ Você não tem que mendigar amor nem obrigar ninguém a gostar de você.

✓ Se a pessoa não se interessar por você, é sinal de que, provavelmente, ela é a pessoa errada pra você. Não é ela quem tem que mudar; é você!

Um iogurte fora da geladeira

É assim que a gente se sente quando percebe que o alvo de nosso investimento emocional não está nem aí para o nosso afeto: como um iogurte fora da geladeira.

Sei que é duro. É mesmo difícil. A gente acaba dedicando uns dias ao choro e à autopiedade. Mas isso não pode durar pra sempre.

Você precisa ter convicção de que, um dia, vai chegar alguém capaz de reconhecer suas melhores qualidades, que vai enxergar seu lado mais luminoso, vai dirigir a você os sorrisos mais radiantes e sinceros.

Antes que isso aconteça, nem sempre as pessoas vão ser aquilo que nós queremos que ela sejam.

Eu sei como dói constatar que "aquela pessoa especial" não é nada daquilo que você queria que ela fosse. ☹ Sei quanto é difícil perceber que *aquela* pessoa que tanto queremos, não é a ideal. A gente custa a se dar conta de um fato tão simples. Então, luta até o fim, machuca o coração, se esfola todo até chegar à conclusão de que a experiência foi muito dolorosa, mas pelo menos não foi inútil.

O importante, além de tudo isso, é ter consciência de que você é uma pessoa maravilhosa e que só depende de você mesma pra ser feliz.

BAD, BAD, BAD

Aprender a separar quem merece e quem não merece nossa atenção é uma das etapas mais dolorosas do amadurecimento. Porque não tem jeito de fazer isso sem sofrer. A gente apanha um bocado até começar a valorizar quem está sempre ao nosso lado.

Eu sei como é sentir que tudo está desabando. Parece que o mundo inteiro está contra você, que nada voltará a ser como antes. Sei como é passar noites chorando e se perguntando: "Por quê? Por quê? Por quêêêêêêêêêêêê?????????"

Mas é exatamente nesses momentos que a gente mais precisa ter fé e esperança. Tudo acontece por alguma razão. Vamos ter calma, deixar passar a tempestade, esperar que o sofrimento dê um tempo. Mais tarde, vamos compreender tudo melhor. A verdade é que aprendemos com cada pancada, ficamos mais fortes a cada tombo.

Nenhuma dor dura pra sempre. Nenhum arco-íris aparece no fim de um dia de sol. Precisamos de chuva, de um pouco de cinza para que depois tudo fique colorido novamente.

Então, sempre que sentir essa dor no peito, feche os olhos e peça a Deus pra que tudo fique bem de novo o mais rápido possível, pra que cada coisa volte ao seu devido lugar. O importante é que você nunca perca seu brilho e sua vontade de viver.

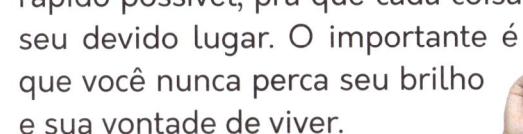

A LEI DO RETORNO

SITUAÇÃO 1

Então aconteceu. O crush foi embora numa chuva de lágrimas. No meio daquela tristeza braba, um fiapo de raiva começa a crescer no peito. E vai aumentando... Quando você percebe, está cheio de ódio, tomado por sentimentos terríveis de vingança.

SITUAÇÃO 2

É uma amizade à toda prova. Está sempre ao seu lado, divide tudo com você, sorri quando você sorri, chora com você quando o momento pede. E, de repente, você descobre a criatura falando mal, muito mal, de você. Que ódio!

SITUAÇÃO 3

Vocês estão sempre juntos, a pessoa é sua BFF. Melhor ouvinte do mundo, passa horas dando força pra você não desistir daquele crush maravilhoso que, segundo ela, foi feito pra você. Até que você pega os dois na maior troca de mensagens sensuais... Que vontade de esganar!!!

SITUAÇÃO 4

Essa é pra você me contar. O que te deixa louco de raiva, com os olhos injetados e os dentes à mostra?

_____
_____
_____
_____
_____
_____
_____
_____
_____
_____

  Eu podia ficar desfiando um monte de situações que nos deixam com muita, muita raiva.
  A raiva é um sentimento natural. É como se a alma saísse dando chutes por aí porque foi seriamente contrariada. Mas ela tem que ter limite.
  Existe uma frase bem conhecida que diz assim:

> Guardar mágoa de alguém **SÓ FAZ MAL A VOCÊ MESMO!**

Acho isso perfeito! A primeira pessoa que a nossa raiva atinge somos nós mesmos. A raiva faz a adrenalina subir a mil, o coração disparar, a respiração acelerar. Ou seja, até fisicamente faz mal a quem a sente.

EU TENHO UM RECADO PRA VOCÊ

Se alguém te fez mal, entregue a Deus. A lei do retorno nunca falha. Confie nela, mas não fique pensando nisso o tempo inteiro — até porque você não tem nenhum poder real pra fazer com que o retorno aconteça, ou que venha mais rápido, ou que caia sobre a cabeça de quem você acha que merece.

Isso simplesmente não é decisão sua!

Não se deixe envenenar pelos seus próprios sentimentos de raiva e frustração. Não é você quem vai girar a roda do mundo pra que a lei do retorno ocorra. Então, procure ficar em paz. Se cuide, tire os pensamentos de vingança da cabeça, porque eles fazem mais mal a você do que a quem te machucou.

Mais cedo ou mais tarde, quem feriu você vai sofrer. Mas não tente pagar na mesma moeda. Se fizer isso, você estará se igualando a essa pessoa tão pequena.

SE FOR PRA ATIRAR alguma coisa, atire amor, nunca pedras.

A lei do retorno funciona pra tudo — inclusive pro amor, pros pensamentos luminosos, pras ações positivas.
Atire amor!
E ele retornará pra você!

SOMOS TODOS HUMANOS...

Vai dizer o quê?
Por acaso você veio de Júpiter? De Saturno?
Não, né? Somos todos terráqueos, humanos e muito, muito falhos.

Quando uma relação termina — seja ela amorosa ou só de amizade — a gente fica com raiva. Muita raiva. E é esse sentimento horrível e negativo que acaba dando o tom de tudo o que vier a partir daí.

Você sabe muito bem o que acontece quando a gente termina uma relação com raiva. A gente sai falando mal da outra parte. Espalha aos quatro ventos todos os defeitos da pessoa (e às vezes nem é verdade!).

Isso é tão injusto! Todo mundo sabe disso. Mas a gente faz mesmo assim.

E sabe por quê?

Porque julgamos os outros por nós mesmos. Então, achamos que vão pensar de nós o mesmo mal que pensamos deles. Esse raciocínio tem uma falha grave. E se as outras pessoas forem mais maduras, evoluídas, conscientes do que a gente???

Imagina se a pessoa com quem você rompeu relações, age muito serenamente em relação a isso? Não fala mal de você, não faz intriga, não espalha suas intimidades...

Sabe o que ela está fazendo, não sabe?

Ela está experimentando uma superioridade moral sobre você.

Só existe uma maneira de escapar dessa cilada. Ser você mesmo a parte mais sensata e superior da história. Como? Deixando a raiva de lado! *Respeitando o espaço do outro.* Reconhecendo tudo de bom que essa relação trouxe pra você.

Desculpe insistir, mas...

É que eu sei como é difícil. Então, preciso reforçar essa ideia pra você — e também pra mim! Precisamos desenvolver nossa capacidade de perdoar, e de pedir perdão, claro.

O tempo passa muito rápido. Não dá pra gente ficar preso a mágoas e ressentimentos. Às vezes, a gente precisa parar, respirar e perdoar — e isso já é bem difícil.

Sei que é difícil de acreditar, mas as pessoas mudam. Elas erram — assim como nós também erramos — e esses erros servem de ensinamentos pras suas ações futuras. Eu acredito que as pessoas aprendam, mudem, se arrependam e queiram recomeçar tudo em novas bases. Com um olhar mais maduro e as ações mais bem pensadas, as pessoas que nos magoaram podem fazer tudo diferente.

Você já teve vontade de desfazer um monte de besteiras que fez e zerar tudo? Vontade de recomeçar? **Então, se você tem essa vontade, algumas das pessoas que machucaram você também podem ter.**

Somos seres EM CONSTANTE aprendizagem. Não somos perfeitos.

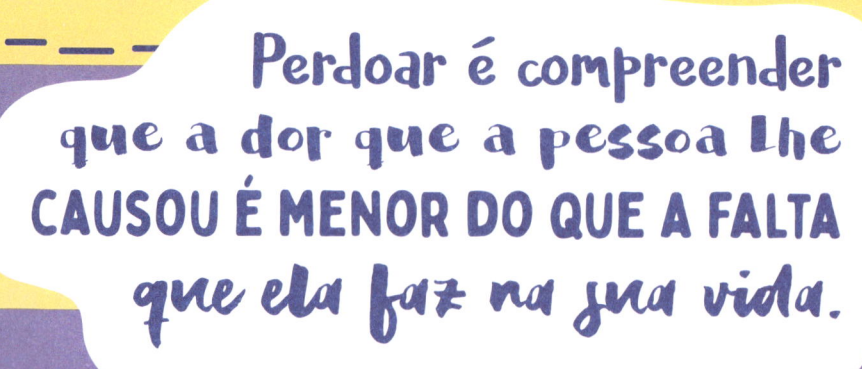

Perdoar é compreender que a dor que a pessoa lhe CAUSOU É MENOR DO QUE A FALTA que ela faz na sua vida.

"EU DISSE QUE PERDOAVA, MAS NÃO DISSE QUE VOLTAVA."

Essa frase é um clássico. Não é nem do tempo da minha mãe, mas da minha avó. Se bobear, da minha bisavó. É de um filme que nunca vi, mas acho a frase ótima.
Ela ressalta um lado interessante do perdão. Uma coisa é não guardar rancor. Outra, bem diferente, é fazer de conta que a pessoa nunca machucou você. Consegue perceber a diferença?
Perdoar é tirar vibrações negativas do seu coração. Daí a receber a pessoa de volta na sua vida, é outra história.
Eu sou superfavorável a abandonar a raiva porque ela faz mais mal a mim do que à outra pessoa.
No entanto, é preciso dividir os "perdoados" em dois grupos diferentes.

De um lado, existem as pessoas que têm plena consciência de que fizeram mal a você. Elas procuraram você e pediram desculpas. Não há motivo pra não as perdoar e não voltar a acolhê-las em nossos corações.

No entanto, há um segundo grupo. **São pessoas que nos fizeram mal, mas não admitem seus erros.** Elas nos feriram, nos prejudicaram, mas não nos procuraram, não pediram desculpas e nem passa pela cabeça delas que estejam erradas. Complicada essa situação, né?

Trazer essas pessoas de volta ao nosso convívio é sempre um risco. Como nunca acharam que estavam erradas, elas podem muito bem voltar a nos ferir. Então, mantê-las à distância é uma questão de proteção. Não vamos abrir a guarda pra quem pode nos machucar.

Nem por isso, precisamos odiá-las. Quando a gente odeia alguém, dá a essa pessoa um lugar de destaque na nossa vida.

A gente dá poder a quem não gosta.

Então, é preciso encontrar um lugar especial pra essas pessoas. Não dá pra abrir a guarda e dizer: "Ah, tudo vai ser como antes, vou abrir meu coração novamente pra você." Mas também não dá pra ficar odiando ninguém porque o ódio faz mais mal à gente do que a quem nos feriu.

Nessas situações, eu tenho algumas dicas pra te dar.

DICAS DA GABI PRA LIDAR COM GENTE POTENCIALMENTE NOCIVA

✓ Não se esqueça — nem por um momento — de que esta pessoa não fez nenhuma autocrítica com relação ao comportamento dela. Ou seja, ela pode, tranquilamente, voltar a prejudicar você.

✓ Isso não quer dizer que você precisa odiá-la. Ao contrário do que parece, o ódio aproxima mais do que afasta. As pessoas que você odeia ocupam um lugar de destaque na sua atenção afetiva.

✓ A melhor maneira de lidar com esse tipo de gente é, primeiro, perdoar — porque quando você perdoa, esvazia o poder do ódio e corta uma ligação involuntária que teria com essa pessoa. Em seguida, afastar-se. Sem mágoa, sem ressentimento, mas com a consciência de que não deseja ficar perto de uma pessoa que pode voltar a ferir você.

Agora... um assuntinho delicado

Afinal, falar de perdão faz a gente se sentir bem. Aprender a perdoar é aprender a ser uma pessoa melhor, mais elevada espiritualmente, mais madura...

Sabe o que é difícil de verdade?

É o oposto. Admitir que está errado. Reconhecer que machucou (ou quebrou a confiança, traiu, foi desleal na competição...) uma pessoa de quem você gosta. Isso sim, é duro.

POR QUE É TÃO DIFÍCIL ADMITIR QUE ERRAMOS?

A palavra pra descrever nossa sensação diante do erro é HUMILHAÇÃO. Nossas falhas nos colocam diante de um fato óbvio, mas que todos nós gostaríamos que não existisse:

Ninguém É PERFEITO. E nós também não somos.

Ai, como é duro ter que encarar essa realidade!
Afinal, quando a gente perdoa, a referência é o erro que foi cometido por outra pessoa. Nós estamos do lado de quem está certo: somos os magnânimos, os bondosos que perdoam. Mas quando é a gente que faz a besteira... como é difícil admitir o erro!

DATAGABI QUER SABER

Você seria capaz de me contar qual foi o maior erro que já cometeu?
Aquele que fez com que você se envergonhasse de verdade?
É... Sei que talvez você não consiga admitir nem pra si próprio.
Mas eu vou contar pra você um erro que eu cometi e que, hoje, vejo que foi uma besteira horrível. Acho que, assim, vou deixar você mais à vontade pra também fazer uma autocrítica em relação aos seus erros mais graves.

CONFISSÕES DA GABI

Então...
Eu estava trocando mensagens pelo celular com um crush. E tinha certeza de que minha mãe não aprovaria o conteúdo. O problema é que saber que ela ficaria aborrecida não parecia ser um motivo forte o suficiente pra eu parar. Eu estava muito dividida. Por um lado, não queria aborrecê-la. Por outro, estava encantada com as conversas e não queria interrompê-las. **Por isso, fui levando a coisa adiante.**

Mas é claro que teve uma hora em que ela descobriu tudo. E ficou muito brava.

Não tiro a razão dela. Nós temos uma relação de confiança e cumplicidade e eu a decepcionei.

Minha mãe ficou uma fera.

E eu fiquei sem chão.

Naquele momento, eu tive que reavaliar tudo o que realmente importava na minha vida. E sem nenhuma dúvida, a relação com minha mãe ocupava um lugar de destaque.

Numa hora dessas, não tem jeito. Você tem que ter humildade e admitir que errou. Tem que pedir desculpas. Tem que entender a decepção do outro — que te ama tanto e não esperava que você fosse agir daquela forma.

No meu caso, a situação mais dramática que passei foi com minha mãe. Mas, com outras pessoas, pode ter sido diferente.

TALVEZ VOCÊ...

Agora é hora de pensar seriamente. O que você pode ter feito que machucou alguém que você ama?

Ainda dá tempo de pedir desculpas? Ainda existem condições de restaurar a relação de confiança que unia vocês?

Se ainda for possível, corra! Não deixe que as relações mais preciosas da sua vida se desfaçam só por causa do seu orgulho. Aprenda a pedir desculpas. E também a recebê-las.

Você vai ver: A VIDA VAI FICAR *muito melhor* assim!

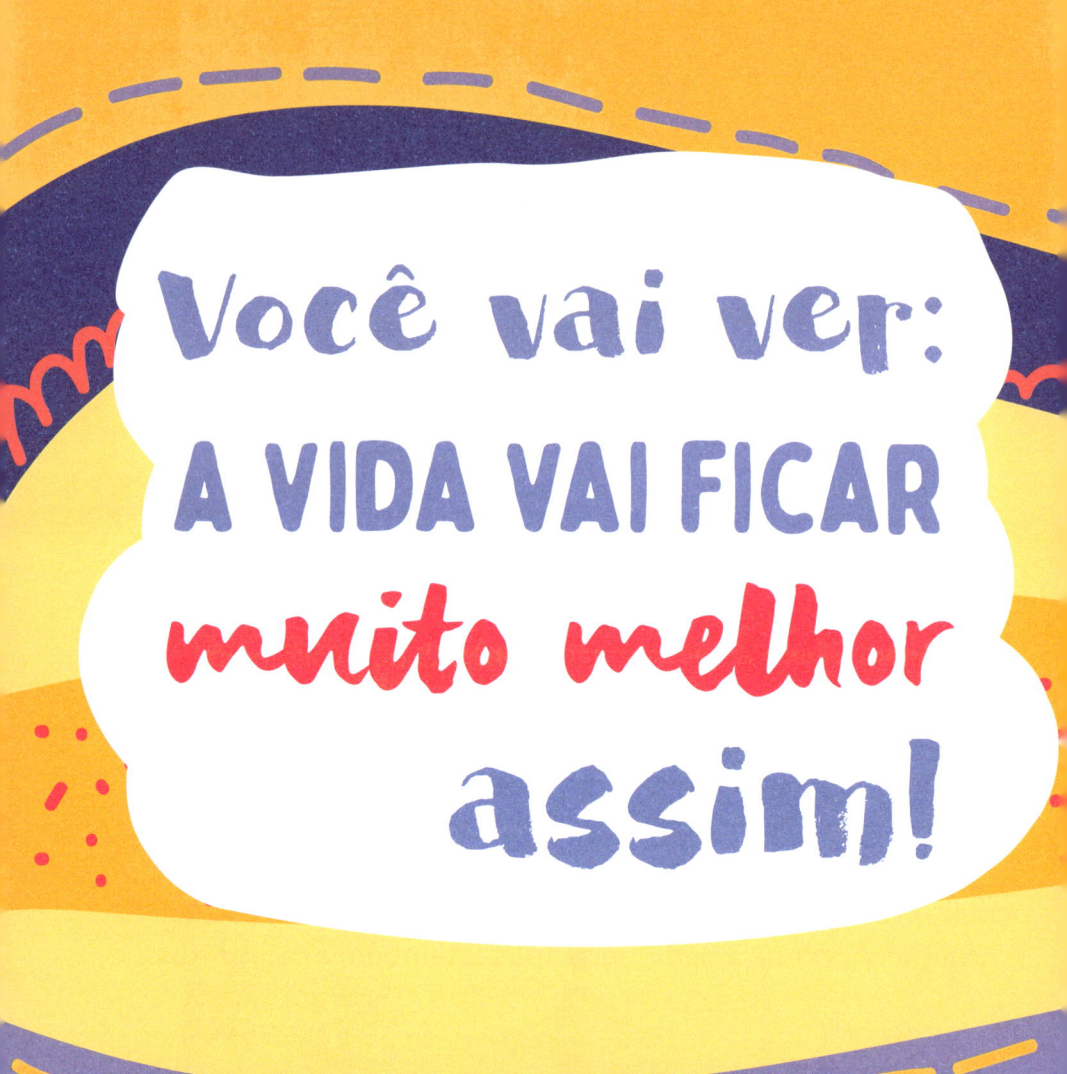

Direção editorial
Daniele Cajueiro

Editora responsável
Janaína Senna

Produção editorial
Adriana Torres
André Marinho

Preparação de texto
Rosa Amanda Strausz

Revisão
Aline Raposo
Suelen Lopes
Carolina Rodrigues

Capa, projeto gráfico e diagramação
Larissa Fernandez Carvalho

Stylist
Letícia Galinari

Fotografia
Washington Possato

Tratamento de fotos
Edição da Imagem

Este livro foi impresso em 2019
para a Agir.